# 에크리

라캉으로 이끄는 마법의 문자들

시대의 절대사상

# 에크리

라캉으로 이끄는 마법의 문자들

|김석|자크 라캉|

살림

# e시대의 절대사상을 펴내며

고전을 읽고, 고전을 이해한다는 것은 비로소 교양인이 되었다는 뜻일 것입니다. 또한 수십 세기를 거쳐 형성되어 온 인류의 지적유산을 제대로 이해하고, 그 바탕 위에서 새로운 자기만의 일을 개척할 때, 그 사람은 그 방면의 전문가가 될 수 있을 것입니다. 프랑스의 대입제도 바칼로레아에서 고전을 중요하게 취급하는 까닭도 그와 같은 이유 때문이겠지요.

그러나 예전에도, 현재에도 고전은 유령처럼 우리 주위를 떠돌기만 했습니다. 막상 고전이라는 텍스트를 펼치면 방대한 분량과 난해한 용어들로 인해 그 내용을 향유하지 못하고 항상 마음의 부담만 갖게 됩니다. 게다가 지금 우리는 고전을 읽기에 더 악화된 시대를 살고 있습니다. 변하지 않고 있는 교육제도와 새 미디어의 홍수가 우리를 그렇게 만들고 있는 것입니다.

고전을 읽어야 하지만, 읽기 힘든 것이 현실이라면, 고전에 친근하게 다가갈 수 있는 새로운 방법을 응당 고민해야 하지 않을까요? 살림출판사의 e시대의 절대사상은 이러한 문제의식을 가지고 기획되었습니다. 고전에 대한 지나친 경외심을 버리고, '아무도 읽지 않는 게 고전' 이라는 자조를 함께 버리면서 지금 이 시대에 맞는 현대적 감각의 고전을 만들고자 했습니다.

고전의 내용이 지나치게 주관적으로 해석되어 전달되는 위험을 피할 수 있도록 그 분야에 대해 가장 정통하면서도 오랜 연구업적을 쌓은 학자들이 자신의 경험을 응축시켜 새로운 고전에의 길을 열고자 했습니다. 마치 한 편의 잘 짜여진 다큐멘터리 프로그램을 보듯 고전이 탄생할 수 있었던 시대적 배경과 작가의 주변 환경, 그리고 고전에 담긴 지혜를 재미있게 습득할 수 있도록 내용을 구성했고 난해한 전문용어나 개념어들은 최대한 알기 쉽게 설명했습니다.

이전에 경험하지 못했던 새로운 감각의 고전 *e시대의 절대사상*은 지적욕구로 가득 찬 대학생·대학원생들과 교사들, 학창시절 깊이 있고 폭넓은 교양을 착실하게 쌓고자 하는 청소년들, 그리고 이 시대의 리더를 꿈꾸는 모든 사람들에게 생생하게 살아 숨쉬는 인류 최고의 지혜를 전달할 것이라고 확신합니다.

기획위원

서강대학교 철학과교수 강영안

이화여자대학교 중문과교수 정재서

# 들어가는 글
_『에크리』를 효과적으로 읽기 위해

 『에크리Écrits』는 '모호함' '다의성' '이해 불가능성' 등 의미를 분산시키는 효과로 나타나는 무의식의 글쓰기를 나름대로 시험해본 라캉의 노작이다. 라캉은 어느 철학자들처럼 명쾌하게 자신의 사상을 드러내지 않고, 깔끔하고 친절하게 글을 쓰거나 합리적 논변으로 독자를 설득하려고도 하지 않는다. 오히려 명확한 가독성에 방해가 될 정도로 의도적으로 문체를 비틀고, 교묘하게 말장난을 하면서 과장된 바로크적 문투의 만연체로 글을 서술한다. 그래서 『에크리』를 무턱대고 처음부터 읽다 보면 머리가 무척 아프고, 지루해지면서 뜻이 전혀 들어오지 않는다. 이것은 단순히 외국어의 문제가 아니다. 문장 해석이 제대로 되어도 라캉의 문장을 일관된 논리와 쟁점을 중심으로 재구성하여 이해하는 게 독자 입장에서 그리 쉽지 않다는 말이다.

그렇다고 라캉의 글이 정신 질환에 시달리며 창작 활동을 계속한 프랑스 시인 앙토냉 아르토(Antonin Artaud, 1896~1948)의 글처럼 난해하고 초현실주의적 냄새가 나는 몽환적인 서술이라는 것은 아니다. 역설적으로 『에크리』가 무의식의 언어처럼 보이게 하기 위해 라캉은 많은 복선을 인위적으로 깔아두었으며, 글의 배치와 구조를 치밀하게 짜려고 무척이나 신경 썼다. 그렇기 때문에 라캉의 숨은 의도만 제대로 안다면 또한 재미있게 읽을 수 있는 책이 『에크리』이기도 하다. 그리고 『에크리』에 수록된 각각의 논문은 시간적인 연속성이나 주제별 연관성을 염두에 두고 배열된 게 아니기에 아무 논문이나 먼저 읽어도 상관이 없다.

이 책은 『에크리』 자체에 대한 충실한 해설보다는 그것을 효과적으로 읽기 위한 일종의 길라잡이로서 쓰였다. 하지만 라캉 사상이 워낙 어렵다 보니 그것을 풀어내고, 재해석해서 알기 쉬우면서도 왜곡 없이 독자에게 전달하는 게 그리 녹록지는 않았다. 필자 능력의 한계가 크겠지만 독자가 이 책을 읽으면서 지루해하고 어려움을 많이 느낀다면 라캉 사상 자체가 난해한 것도 그 원인일 것이다. 라캉이 말하는 여러 개념들은 기본적으로 프로이트주의와 정신분석 용어들에 익숙

하지 않은 사람들에게는 이해하기 매우 힘들다. 라캉은 '프로이트로의 복귀'를 주장하면서도 전후 새로운 인식론적 패러다임으로 부각한 언어학, 인류학 등의 성과를 결합하여 프로이트주의를 새롭게 개조하고자 하였다.

라캉은 프로이트의 충실한 주석가도 아니며, 오히려 프로이트와 많은 면에서 차이를 보인다. 그럼으로 라캉을 이해하기 위해서는 반드시 프로이트의 주요 개념들을 먼저 알고 있어야 하며, 어느 부분에서 라캉이 그것을 자신의 이론과 시각으로 개조했는지를 짚어낼 수 있어야 한다. 하지만 전문적인 연구자가 아니라면 너무 큰 욕심 내지 말고 이 책을 지도 삼아 가능한 범위 내에서 라캉이라는 거인을 탐구하면 된다고 본다. 라캉을 전공하는 연구자가 아니라 정신분석에 관심이 있는 독자의 입장에서는 최대한 효율적으로 라캉이 말하고자 하는 바를 파악하여 이해하는 것이 중요하지 『에크리』의 늪에 빠져 허우적거릴 필요는 없을 것이다.

『에크리』에 대한 관심과 앞으로의 독서를 위해 이 책을 선택한 독자들이 좀 더 효율적으로 라캉을 공부하기 위해서는 먼저 라캉의 사상을 개괄적으로 이해할 필요가 있다. 그러므로 2부 2장 '『에크리』의 핵심 사상'을 먼저 읽기를 권한다. 2부 2장은 『에크리』뿐 아니라, 라캉 사상의 정수를 보여주는 주제와 개념들을 열 개로 정리해서 해설한 부분이다. 각 꼭지

별로 관련 주제를 최대한 독자가 쉽게 이해할 수 있도록 강의식으로 설명하면서, 중요한 대목은 『에크리』의 관련된 위치를 언급했다. 물론 이 책의 분량과 내용 제한 때문에 개념들을 아주 상세하게 전문적으로 해설하지는 못했으므로 좀 더 공부하고 싶은 독자들은 3부 '참고문헌'에서 필요한 책의 목록을 선정해서 개인적으로 보충하기를 바란다.

일단 기본 개념들이 어느 정도 이해된다면 다음으로 2부 1장 '『에크리』의 구조와 주요 내용'을 읽을 것을 권한다. 『에크리』는 다른 책들과는 구조와 구성이 매우 다르다. 『에크리』라는 책 제목의 뜻은 '글 모음집'이지만 단순히 출판된 라캉의 글을 모아놓은 책은 아니다. 『에크리』에 실린 논문들의 배치와 순서도 라캉 자신의 문제의식을 보여주기 위해 특정한 구도를 염두에 두고 배열하였으므로 구성에 대해 미리 이해할 필요가 있다. 라캉은 여느 필자와 달리 자신이 저자이자 편집자가 되어 논문의 배치와 제목과 삽입구들까지 일일이 신경 썼으며, 전체를 다섯 개의 큰 주제로 나누어 논문을 배치했다. 물론 다섯 개의 주제는 공식적인 『에크리』의 차례와는 다른데 그 차이를 2부 1장을 통해 볼 수 있다. 또한 2부 1장에는 『에크리』 뒤에 실려 있는 색인에 대해서도 짧게 해설했으므로 필자의 설명과 밀레의 색인을 직접 대조해서 읽으면 『에크리』의 전체 구조와 라캉의 의도를 파악하는 데 도움이 될 것이다. 전체적으로 2부는 작품론이 주제이기 때문에 『에크리』 자체에 초점을 맞추어 글을 서술했다.

그 이전에 도대체 라캉이 누구인지, 그리고 어떤 시대에 누구와 더불어 활동했는지를 알고 싶은 독자들은 1부 2장 '라캉과 『에크리』'를 읽어보면 된다. 한 작품을 보다 심도 있게 이해하기 위해서는 그 작가를 함께 이해할 필요가 있다. 특히 2장의 '라캉은 누구인가' 편에서는 라캉의 출생부터 죽음까지를 연대기순이 아니라 당시 프랑스 지성계의 상황과 연관시켜 큰 사건 중심으로 해설하였으므로 3부의 '라캉 연보'와 대조해서 읽으면 좋을 것이다.

그간 라캉과 프로이트 관련 강의를 하면서 좋은 입문서를 추천해달라는 부탁을 청중들로부터 받을 때마다 마땅한 책이 없어서 늘 아쉬움이 많았다. 그러던 차에 살림출판사에서 기획하는 'e시대의 절대사상' 시리즈에 『에크리』가 들어 있어서 주저 없이 필자가 집필을 맡게 되었다. 난해하기로 소문난 라캉의 『에크리』에 좀 더 쉽게 다가갈 수 있게 도와주는 해설서이자 입문서로서 좀 더 알찬 내용을 담고 싶었으나 집필 과정에서 '대중성'과 '전문성'이라는 두 기준을 모두 충족시키는 게 쉽지 않았다. 'e시대의 절대사상' 시리즈가 요구하는 기준이 모두 그렇듯 너무 전문적인 내용을 파고들면서 지나치게 어려워도 안 되고, 반대로 너무 피상적인 탐색에 머물러 마치 이야기를 하려다가 마는 느낌을 주어서도 안 되다 보니 적절한 선을 유지하기가 어려웠다. 그래도 짧은 분량에 『에크리』의 핵심 개념과 내용을 최대한 넣어보려고 노력했지만 막상 탈고를 하니 걱정이 앞선다. 부족함과 부실한 내용이 있으면 그것은 전적으로 필자가 감당할 몫이므로 독자 제현의 비판과 충고에 겸허하게 귀를 기울이겠다.

아직 라캉의 원전이 전혀 번역되어 있지 않은 현실을 감안할 때 『에크리』해설서는 나름의 의의가 있다고 본다. 그간 라캉에 대한 많은 관심과 연구 성과는 많았지만 전문 연구자에 의해 쓰인 대중적인 입문서는 그리 많지 않았으며, 『에크리』를 직접 다룬 책은 더구나 거의 없는 게 현실이기 때문이다. 이 작은 책이 라캉과 정신분석에 관심이 많은 독자 제현의 공부를 위한 작은 밑거름이 되고, 라캉을 제대로 이해하는 데 나침반이 된다면 그것으로 이 책의 목표는 달성했다고 본다.

끝으로 이 자리를 빌려 그동안 인내심 있게 기다려준 이기선 편집자를 비롯한 살림출판사 사장님께 감사드린다. 그리고 언제나 변함없는 사랑으로 나를 내조하면서 든든하게 후원하는 아내 현주와 어머니, 딸 인서에게도 고마움을 표한다.

2007년 10월
김석

| 차례 | 에크리

e시대의 절대사상을 펴내며 04
들어가는 글 : 『에크리』를 효과적으로 읽기 위해 06

# 1부 구조주의 시대와 『에크리』

## 1장 내가 본 『에크리』
내가 『에크리』를 만나기까지 20
『에크리』의 중요성과 특징 31

## 2장 라캉과 『에크리』
자크 라캉은 누구인가 40
『에크리』의 시대적 배경 60

라캉으로 이끄는 마법의 문자들
에크리

# 2부 『에크리』의 구조와 핵심 사상

## 1장 『에크리』의 구조와 주요 내용
『에크리』의 구조와 구성　　　　　　　　　　82
『에크리』의 주요 내용　　　　　　　　　　　93

## 2장 『에크리』의 핵심 사상
상징계와 주체　　　　　　　　　　　　　　114
오이디푸스콤플렉스와 주체　　　　　　　　128

| 상상계와 자아 | 145 |
| --- | --- |
| 주체 분열과 진리 개념 | 159 |
| 대타자와 무의식 | 172 |
| 욕망과 말 | 184 |
| 남근과 성차 | 204 |
| 임상과 세 가지 정신 구조: 정신병, 신경증, 도착증 | 221 |
| 실재, 주이상스, 승화 | 236 |
| 정신분석과 과학 | 249 |

라캉으로 이끄는 마법의 문자들
에크리

# 3부 참고문헌 및 라캉 연보

참고문헌 　　　　　　　　　　261
라캉 연보 　　　　　　　　　　278

주 　　　　　　　　　　　　　　286

# 1부

## 구조주의 시대와 『에크리』

"구조주의든 아니든 이렇게 모호하게 딱지를 붙여 분류하는 그런 장에서 주체의 부정은 전혀 논점이 아니라는 사실을 지적하고 싶다. 주체의 의존성이 문제이며, 그것은 아주 다르다. 특히 프로이트로의 복귀에서 중요한 것은 주체가 정말 기본적인 어떤 것, 즉 우리가 그간 시니피앙이라는 용어로 설명했던 것에 의존한다는 것이다."

―1969년 2월 22일, 푸코의 「저자란 무엇인가」 발표에 대한 라캉의 논평

# 1장
# 내가 본 『에크리』

# 내가 『에크리』를 만나기까지

　1980년대 말부터 도미노처럼 동유럽 국가들을 강타한 개방·개혁 열풍과 시민 혁명, 그리고 그것의 귀결인 사회주의의 급속한 몰락은 세계는 물론 우리 사회에도 적잖이 충격을 주었다. 1980년대 한국 사회의 진보 진영과 민주화 운동은 마르크스주의와 사회주의혁명 이념에 많은 영향을 받았기 때문이다. 특히 한국 사회 변혁의 견인차 역할을 했던 학생운동은 사상적 편향이라는 비판을 받을 정도로 마르크스주의에 대한 과도한 맹신에 빠져 있었다. 1987년 민주화 대투쟁 이후 각종 정치적 규제와 억압적 통치 형태가 조금씩 사라지고 민주화가 진전되면서 한국 사회의 미래를 위한 새로운 이념적 대안 모색이 본격적으로 시작될 무렵 발생한 사회주의

권의 붕괴와 마르크스주의의 위기는 가뜩이나 취약한 한국 사회의 지성계를 여지없이 흔들었다.

「마르크스의 대상적 활동 개념에 관한 연구」를 주제로 석사 학위논문을 쓰고, 계속해서 사회와 역사 속에서 인간의 지위에 관해 학문적 고민을 거듭하던 내게도 그 여파는 크게 다가왔다. 마르크스주의에 대한 학문적 평가와 논쟁의 실효성이 상실된 것은 아니지만, 사회주의 붕괴는 무엇보다 역사적 유물론의 실천적 정당성과 마르크스주의가 금과옥조처럼 강조한 과학성에 대한 심각한 회의를 가져왔기 때문이다. 마치 폭풍우 속을 항해하던 배가 저 멀리서 희미하게 빛을 비추던 등대를 송두리째 잃어버린 느낌이었다. 이는 현실 사회주의에 대한 정치적 지지 여부와 무관하게 철학적 이론으로 순수하게 마르크스주의를 바라보면서 거기로부터 인간과 역사에 대한 이해를 끌어내고자 했던 당시 진보적 지식인들이 겪었던 공통된 혼란이었을 것이다.

이렇듯 사상적 아노미 상태에서 당시 미국을 통해 포스트모더니즘 이론들과 논쟁들이 국내에 앞 다투어 소개되기 시작했다. 데리다, 푸코, 라캉 등의 이름이 어지럽게 난무하면서 해체주의, 이성의 종말과 인간의 죽음, 담론과 구조 등 낯선 용어를 자주 들을 수 있었다. 당시 박사과정에 들어가 본격적으로 마르크스주의에 대한 연구를 심화시키고자 했던 내게 마르크스주의를 비판하면서 새로운 대안 이론처럼 소개되던 프랑스 철학들은 당혹스러우면서도 호기심을 자극했다. 마르크스주의를 연구하더라도 무언가 새로운 방향 전환이 필요했기 때문이다. 그러나 그간 충분한 지적 성찰과 비판적 수용 작업 없이 마르크스주의를 무조건 배척하거나 극단적으로 숭배하던 우리 학계가 갑자기 등장한 새로운 사상들을 무조건적으로 받아들이면서 마치 유행을 따르는 소비자처럼 행동하는 그 천박함에 반감이 생기기도 했다.

내게는 우리 사회와 인간을 설명하기 위한 새로운 이론적 대안이 절실하게 필요했다. 변함없이 주체의 실천적 활동을 중심에 두고 사회와 역사의 관계를 설명하는 이론들을 새롭게 구상하고 싶은 지적 의욕과 마치 마르크스주의의 대안인 양 혜성처럼 등장한 프랑스 철학에 대한 막연한 호기심에 나는 프랑스로 떠나게 되었다. 당시 나는 정신분석을 비롯한 프랑스 현대사상에 대해 지극히 피상적인 지식밖에 없었다. 하지만 포스트모더니즘이라는 막연한 딱지가 붙어 문학계를 중심으로 소개되던 프랑스 사상의 본류를 현지에서 직접 배우고 싶은 마음으로 망설임 없이 새로운 지적 모험을 떠나게 된 것이다.

내가 라캉에 대해 알게 되고 그의 사상을 전공으로 삼게 된 계기는 지금 생각하면 정말 단순했고 오해라고 부를 수 있을 만큼 소박했다. 물론 그 막연함 속에서 뜬구름 잡듯이 생각했던 철학적 목표는 라캉과 프랑스 현대 철학자들에 대해 공부하면서 보다 성숙한 이론으로 구체화되면서 우연인지 필연인지 애초 생각했던 이론적 방향과 비슷하게 진행되었다. 나는 당시 프랑스 현대 철학의 화두 중 하나인 욕망에 대해 정신분석이 많은 이야기를 한다는 것과 그 중심에 라캉이 있다는 것을 알고 있었기에 라캉에 대한 막연한 동경과 호의가 있었다. 인간의 사회적 삶과 주체의 실천을 중시했던 내게 푸코나 데리다는 너무 급진적으로 느껴졌고, 마르크스주의 전통 속에서 실천과 자유를 강조했던 사르트르는 반대로 지나치게 구태의연하게 생각되었다. 그리고 마르크스의 새로운 혁신과 과학적 마르크스주의를 강조했던 알튀세르는 내게는 너무 인간의 냄새가 없었다. 이처럼 단선적인 선입견과 지적 혼란 속에서 그나마 욕망과 사회적 관계를 강조하는 라캉에 끌리는 것은 어떻게 보면 자연스러웠다. 내게 라캉은 마르크스와 마찬가지로 사회적 삶 속에서 이루어지는 개인의 다양한 활동 법칙을 해명하는 사상가처럼 받아들여진 것이다. 라캉은 내게 당시 철학적 논쟁의 핵심 주제 중 하나였던 주체의 문제에 대해 마르크스주의 방향과 크게 벗어나지 않으면서도 참신한 이론적 토대를 제시할 수 있는 새로운 철학자처럼 생각됐던 것이다.

물론 막연한 기대감이 깨지고 라캉이 전혀 다른 관점과 지평에서 주체의 문제를 이론화한다는 것을 깨닫는 데는 그리 오랜 시간이 걸리지 않았다. 이미 라캉이 구조주의 선구자 중 하나이고, 구조주의는 인간의 종말과 주체 비판을 주장하는 사상이라는 관점이 국내에서 논의되고 있었다. 그리고 내 스스로 라캉의 사상을 접하면서 상징계, 대타자, 시니피앙과 인정의 문제 등 주요 개념들이 전통적인 주체 개념을 전복시키고 있다는 것도 알게 되었다. 하지만 주체와 사회에 대해 처음에 가졌던 기대와 문제의식은 라캉을 연구하면 할수록 사라지는 것이 아니라 오히려 새로운 질문의 동기와 원천으로 작용했다. 구조주의자 라캉이 아닌 주체 문제를 새로운 시각으로 사유하는 사상가로 라캉을 연구하고 싶은 마음이 계속해서 나를 사로잡고 있었기 때문이다.

전성기 라캉이 유일하게 직접 쓰고 편집한 대작 『에크리』를 서점에서 사들고 와 첫 페이지를 펼쳤을 때 이러한 긴장과 기대감, 그리고 라캉을 통해 새로운 길을 찾겠다는 지적 갈증이 뒤섞인 흥분에 가슴이 설레기도 했다. 더구나 라캉 스스로 자신의 저서를 '읽을 수 없는' 저서라고 평했으며, 난해하기로 소문난 그의 문체에 대한 악명을 익히 들었기에 그것은 마치 험한 산을 정복하기 위해 첫발을 내딛기 직전의 긴장된 마음과 도전 의식 자체였다.

그러나 "문제는 그 사람 자신이다."라는 신탁과 같은 경구와 더불어 시작되는 『에크리』의 탐험은 순탄치 않았다. 초장부터 사람을 질리게 만드는 900여 쪽을 넘는 두툼한 부피, 곳곳에서 해석을 방해하며 독자를 골탕 먹이는 꼬일 대로 꼬인 애매한 문장들, 잘 쓰지 않는 어려운 단어들의 현학적 나열, 지나치게 화려하면서도 때로 비아냥거리는 것처럼 보이는 문체는 기이한 행적으로도 널리 알려진 라캉 자신과 꼭 닮았다는 생각이 들었다. 라캉이 무의식의 작용처럼 기술하고자 했던 『에크리』는 여느 철학 텍스트와 너무 달라서 중언부언하는 산문처럼 느껴졌다. 사실 칸트, 헤겔, 마르크스 등 독일 철학자들의 엄격한 서술과 논리성에 길들여진 내가 『에크리』를 처음 읽으며 가지는 느낌은 뭐 이런 텍스트가 다 있나 하는 실망이었다. 도무지 이야기의 핵심도 주제도 잘 들어오지 않았으며, 내 불어 독해력의 문제인가 싶어서 프랑스 친구들에게 보여줘도 시원한 대답을 들을 수 없었다. 솔직히 나는 『에크리』를 읽다가 여러 번 책을 덮어야 했다. 라캉이 말하고자 하는 바가 도무지 들어오지 않기도 했고 문체도 너무 낯설었기 때문이다. 사실 말로 하는 작업을 중시했던 라캉이 출판을 위해 새롭게 『에크리』에 실릴 글들을 고쳐 쓰며 도처에 깔아놓은 복선과 함정들을 이해해야 했는데 이것이 초보 독자에게 가능한 것은 아니었다.

『에크리』는 몰입하여 단번에 읽을 수 있는 책이 아니다. 마치 험한 산에 오르듯이 때로는 쉬거나 돌아가면서 꾸준히 한발 한발 걸어가야 한다. 정상에 도달하기 위해 중간에 야영과 충분한 휴식이 필요하듯 『에크리』에 대한 강독에도 점검을 위한 중간 휴식이 필요하다. 당시 내 불어 실력의 문제도 있었겠지만 『에크리』의 완독에는 꽤 시간이 걸렸으며, 마지막 책장을 덮을 때에도 책을 정복했다는 후련함이 전혀 없었다. 오히려 혼란만 가중되면서 내 무지를 탓하게 되었다. 하지만 잡힐 듯 잡히지 않는 욕망의 대상처럼 늘 저만치 달아나는 텍스트의 의미를 좇아가면서 라캉의 경구와 무의식의 본성에 대해 아주 어렴풋하게 나를 사로잡는 묘한 느낌이 있었다. 나중에 프랑스 사람들도 『에크리』를 읽을 때 그 뜻을 잘 이해하지 못한다는 사실이 나를 위로했던 기억이 난다.

다음 장에서 자세히 설명하겠지만 『에크리』는 구성부터 편집 과정까지 라캉 자신의 사상과 텍스트를 보는 라캉 특유의 입장이 고스란히 녹아 있다. 사실 '에크리Écrits'의 원뜻이 '글 모음집'이기 때문에 독자는 이미 발표된 라캉의 글들을 한데 모아놓은 저서 정도로 생각하지만, 『에크리』는 독자를 함정에 빠뜨리고 엉뚱한 길로 빠지게 만드는 덫으로 가득한 책이다. 보통 텍스트를 읽는 독자는 저자의 의도와 핵심 개념 및 텍스트의 구조를 분석하고자 애쓰지만, 라캉이 노리는 것은 마치 소크라테스의 질문들처럼 텍스트가 독자에게 남기는 사후적 흔적과 의미의 분산 효과들 자체이기 때문이다. 언어의 의미가 명쾌하고 자명하게 전달될 수 있다는 것을 라캉은 믿지 않았다. 라캉의 글이 어렵다는 말은 문자적인 해독 가능성을 말하는 게 아니다. 오히려 읽으면 읽을수록 그 뜻이 모호해지는 것이 『에크리』라는 건축물을 만든 라캉의 숨은 의도라고 보면 된다. 라캉에 의하면 무의식의 작용과 서술은 늘 언어적 유희를 통해 반복되고 빗나가면서 고정된 의미화를 벗어나는 시니피앙 논리의 지배를 받는다. 라캉의 『에크리』는 라캉 사상의 또 하나의 전달 매체인 구술 강의 모음집 『세미나 Séminaire』와는 전혀 다른 효과를 염두에 두고 쓴 일종의 실험 작품이다. 라캉은 구어와 문어의 차이를 철저하게 구별한 사람이고, 문어보다는 말의 즉자성과 진리 효과에 무게를 둔 사람이다. 말이 대화 당사자들에게 직접 체감되는 상호 관계성의 분위기(표정이나 어감 등)와 현장에서 느끼는 상상력에 영향을 받는다면 글에서는 그 글의 저자조차도 배제하는 텍스트 자체의 무게와 독립적인 문체의 힘이 크게 작용한다.

나는 구어와 문어의 차이를 『세미나』를 약간이나마 읽고 나서 다시 『에크리』를 재독하면서 느낄 수 있었다. 현장 강의의 특성상 『세미나』는 아무래도 이야기되고 있는 주제의 연속성이 강하지만 똑같은 문장이라도 『에크리』에서는 전혀 다른 단절적 효과를 줄 수 있다. 라캉의 사상을 처음으로 접하기 위해서는 『세미나』를 통하는 것이 훨씬 수월하기 때문에 라캉 사상의 핵심 주제를 살펴보고자 하는 사람이라면 『에크리』를 시작하기 전에 『세미나』와 연구서들을 먼저 접하는 게 좋은 방법일 수 있다. 이렇듯 라캉은 전통적인 저술보다는 소크라테스식 강연과 토론을 더 선호했기 때문에 『에크리』의 출판은 라캉 자신에게도 새로운 도전이었을 것이다. 그리고 1936년부터 『에크리』가 출판된 1966년까지 발표된 글들이 발표 당시가 아니라 1966년 시점에서 수정되고 보완되어 수록되었다는 사실을 독자는 감안해야 한다.

솔직히 내가 『에크리』를 읽으면서 느꼈던 가장 큰 답답함은 라캉과 대화한다는 느낌을 전혀 받지 못한다는 사실이었다. 라캉은 친절하거나 다정하지 않으며, 독자를 배려하지도 않는다. 이것은 단지 『에크리』 문체의 난해함 때문은 아니다. 범인들과 너무 다른 방식으로 자신만의 삶을 산 천재의 끼와 고민들이 보물찾기 놀이처럼 고스란히 반영된 책이 바로 『에크리』이다. 말로 표현할 수 없는 것들을 대상으로 삼아 사유하고, 그것을 설명하고 싶어 하면서도 동시에 언어에 의해 왜곡될까 봐 비틀고 꼬아서 서술한 책이 『에크리』이기에 그것을 쉽게 이해한다는 것은 사실 모순이기도 하다. 하지만 무의식이 누구에게나 작용하듯이 진리에 대한 열정을 나침반 삼아『에크리』라는 산맥을 탐색하는 것이 불가능한 것도 아니다.『에크리』는 한편으로 보면 참 쉬운 책일 수 있기 때문이다. 물론 쉽다고 말할 때도 문체에 대한 가독성이 문제되는 것은 아니다.

내가 한창『에크리』를 읽으며 논문을 쓸 때 프랑스 친구가 농담처럼 "너의 성경"이라고 지칭했던 이 책은 정말 성경과 비슷하다는 게 내 생각이다. 성경은 누구나 이해하기 쉽게 서술되어 있지만 텍스트에 감춰진 비밀과 숨은 의미는 텍스트와 일체가 되어 그것을 보고자 하는 사람에게만 보인다. 그리고 성경에서 자주 사용되는 비유는 시대와 상황에 따라 다양한 해석을 무한정 가능하게 한다.『에크리』도 마찬가지이다. 텍스트는 텍스트로 머무는 게 아니라 '나의' 욕망의 언어로 재해석되어야 한다는 것이『에크리』가 던지는 메시지이다.

이렇게 보면『에크리』는 경직된 텍스트가 아니라 그 속에서 나와 너를 볼 수 있고, 동시에 그 옆에서 넌지시 자신을 감추고 있는 라캉의 모습도 훔쳐볼 수 있는 거울 같은 것이다. 아니『에크리』는 내가 보고 싶은 것만 보여주는 요술 거울이라 할 수 있다. 라캉이 말하는 "읽을 수 없음"이라는 단어는 역설적으로『에크리』의 암호를 푸는 열쇠가 된다. 물론 그 열쇠는 남들이 찾는 곳이 아닌 전혀 다른 곳에서 그것을 보는 사람의 눈에 띄는 그런 열쇠이지만 말이다. 이런 의미를 깨달으며 라캉을 읽는 맛에 조금씩 빠져 드는 나를 발견하게 되었다.

# 『에크리』의 중요성과 특징

　『에크리』에 대해 다소 신비스럽게 설명을 했지만, 이 책이 암호와 수수께끼로 가득 차 있는 마법의 책이라는 말은 아니다. 『에크리』는 얼마든지 읽을 수 있으며 여타의 철학 원전처럼 비판적 해석이 가능한 책이다. 그러나 『에크리』를 제대로 읽기 위해서는 이 책의 구조와 특이성에 대해 먼저 이해할 필요가 있다.

　『에크리』는 라캉 사상의 진수를 보여주는 여러 텍스트들, 주체와 상징계의 다차원적 관계를 암시하도록 배열된 텍스트들의 배치 구조, 각 논문들이 다루는 개념들을 큰 주제들에 따라 분류하면서 전체적인 연관 관계를 보여주는 색인이 한데 어우러진 한 편의 훌륭한 건축물이다. 그리고 시간적으로 선행하는 논문들의 개념이 현재적 의미로 사용되며, 반대로 현재의 개념은 과거 사유에 이미 내재한 것처럼 보이도록 의도적으로 전미래 시제[1]를 사용하거나 현재형으로 서술한 라캉식 글쓰기를 통해 1966년 시점에서 재수정되고 보완된 글모음집이다.

그러므로 일직선적 발전을 염두에 두고 연대기적으로 논문에 접근하다 보면 혼동이 생긴다. 일례로 라캉은 「나의 전력에 대하여」라는 글에서 박사 학위논문 당시 그렇게 비판했던 가에탕 가티앙 드 클레랑보(Gaëtan Gatian de Clérambault, 1852~1934)를 자신의 유일한 스승으로 소개하는가 하면, '거울단계'라는 개념이 1936년 자신에 의해 처음 학계에 소개된 것처럼 말한다. 클레랑보나 거울단계에 대한 언급은 1966년 당시 라캉의 입장이다. 『에크리』의 주요 개념이나 이론을 살필 때에는 이렇게 시제의 연속성과 의도적 혼재가 있다는 것을 염두에 두어야 한다.

이것은 무의식의 시제가 순수 과거도 아니고 순수 현재도 아닌 '사후 작용(nachträglichkeit)'에 의해 변증법적으로 규정되기 때문이다. '사후 작용'은 과거의 사건들이 언제나 현재 경험에 따라 끊임없이 재해석되면서 의미가 부여된다는 것으로, 언어의 특징이기도 하다. 언어는 마침표가 찍혀야 비로소 소급적으로 의미가 생성된다는 라캉의 생각이 『에크리』에도 반영되어 있다. 『에크리』에는 이렇듯 서술 방법과 구성에서 라캉식 사유가 치밀하게 작용하고 있는데 출판의 모든 과정에 라캉이 직접 개입했기 때문이다. 라캉은 이미 다른 곳에서 출판된 논문들을 『에크리』에 재수록하면서 제목을 새로 정하거나 편집하는 과정을 손수 주도했다.

『에크리』야말로 라캉에 의해 라캉 자신의 글을 대상으로 작업이 이루어진 최초이자 마지막 출판물이다. 반면에 강의 녹취록을 출판한 『세미나』는 라캉의 가르침을 활자화했다는 점에서는 『에크리』와 유사하지만 라캉이 아닌 제삼자에 의해 편집되고 구어적 특성을 보존하기 위해 가감과 수정 없이 출판되었다는 점에서 차이를 보인다. 그리고 『세미나』 출판이 라캉이 살아 있을 때에도 라캉이 아닌 그의 사위 자크알랭 밀레(Jacques-Alain Miller, 1944~ )에 의해 주도되었다는 점을 기억해야 한다. 밀레가 평소 라캉의 개념들을 자신의 이론적 틀로 재구성해온 사실과 출판본에 대한 라캉의 검토와 수정이 전혀 없었던 사실에 비추어볼 때 그 신뢰성에 의문이 생길 수 있다. 실제로 밀레가 『세미나』를 출판한 후 프랑스에서는 『세미나』가 과연 라캉 사상의 충실한 전달 매체라고 할 수 있는지에 대한 끊임없는 문제 제기와 논란이 있어왔다. 이렇게 볼 때 왜 『에크리』가 라캉 사상의 진수를 보여주는 정통 텍스트로 평가되어야 하는지 알 수 있다. 물론 라캉의 『세미나』도 연구 자료로서 1차 문헌의 가치가 있지만, 『세미나』에서 설명되고 있는 개념들의 정확한 이해를 위해서는 『에크리』가 반드시 참조될 필요가 있다.

라캉은 자신을 곧잘 소크라테스에 비유하곤 했는데 소크라테스가 문답법이라는 변증법적 방식을 통해 사람들에게 진리를 일깨운 탓도 있지만 무엇보다 철학적 작업을 글이 아닌 말로 하는 전형을 몸소 보여줬기 때문이다. 소크라테스의 문답법이야말로 진리가 서재가 아닌 현장에서 사람과 사람 사이에서 생성됨을 보여주는 철학적 작업의 전형이다. 하지만 오늘날 우리는 플라톤의 텍스트를 통하지 않고서는 소크라테스의 사상에 접근할 수 없다. 여기에서 불가피하게 플라톤에 의해 재해석되고 왜곡된 소크라테스, 즉 플라톤의 소크라테스라는 한계를 인정할 수밖에 없다. 하지만 라캉은 소크라테스와 달리 자신의 주요 개념과 사상을 직접 서술한 『에크리』를 남겼으므로, 우리가 『세미나』를 읽을 때 라캉이 의도하는 바와 개념을 정확히 파악하기 위해 얼마든지 『에크리』를 근거로 삼을 수 있다. 이런 면에서 라캉의 『에크리』는 라캉의 여타 텍스트들의 의미를 판가름하는 지표이자 해석의 열쇠로 활용될 만하다. 다시 말해 『에크리』는 텍스트 중의 텍스트라 부를 수 있는 것이다. 그리고 『세미나』가 구술 강의의 효과를 최대한 살리기 위해 녹취를 거의 그대로 옮겨 적은

데 반해 『에크리』는 라캉 자신이 잘못된 부분을 수정하거나 각주를 집어넣는 등 최대한 텍스트의 완벽성을 갖추기 위해 애쓴 흔적이 역력하다.

그리고 『에크리』의 중요성에서 또 한 가지 주목할 점은 라캉이 현대사상의 대가로 떠오르는 데 『에크리』가 큰 역할을 했다는 것이다. 라캉은 1953년부터 주 1회 진행하는 세미나를 통해 자신의 사유를 대중과 소통해왔으나 구술 강의의 한계 때문에 자신의 사상을 널리 알릴 기회를 갖지 못했다. 오늘날에도 마찬가지이지만 한 사람의 사유가 시공간의 제약을 넘어 소통되고 토론되려면 부득불 글로 기술되어 출판되어야 한다. 『에크리』 이전에 라캉에 의해 집필된 책으로는 의학 박사학위 논문이 유일하다. 하지만 이 책은 라캉이 정신분석에 본격적으로 입문하기 전인 1932년에 집필되었을 뿐 아니라, 그나마도 재판이 나오지 않은 채 잊혀졌다. 라캉은 평소 표절에 대한 병적인 두려움과 출판에 대한 주저함이 많았다. 라캉으로 하여금 출판된 논문들을 다시 모아서 한 권의 책으로 펴내도록 한 데에는 쇠유Seuil 출판사의 프랑수아 발(François Wahl, 1925~ )이라는 탁월한 편집자의 역할과 설득이 컸다. 발은 여러 차례 라캉의 세미나에 직접 참석하고 라캉의 분석을 받으면서 개인적 신뢰를 쌓았으며, 마침내 라캉을 설득하여 쇠유 출판사에서 '프로이트적 장(Champ freudien)'이라는 일련의 시리즈를 펴내도록 합의를 한다.

라캉과 발의 공들인 공동 수정과 편집 작업, 그리고 나중에 라캉의 사위가 되어 『세미나』의 발간을 책임지는 밀레의 색인이 첨가되어 1966년 11월 15일 드디어 『에크리』가 세상에 모습을 드러냈다. 책이 출간되자마자 대중의 호응은 상상을 초월할 정도로 엄청났다. 알기 쉽게 쓰인 교양도서가 아님에도 불구하고 『에크리』는 수만 권이 판매되는 이변을 낳았으며, 파리 지성계에도 커다란 반향을 몰고 왔다. 『에크리』를 통해 드디어 라캉은 현대 프랑스 사상을 주도할 거장의 하나로 인정받기 시작한 것이다. 『에크리』의 성공은 이후 『에크리』 포켓판 출간과, 이미 절판된 라캉 자신의 박사 학위논문의 재출간으로까지 확대되었다. 역사에 가정은 없다지만 만약 『에크리』가 출판되지 않았다고 생각해보면 라캉이 오늘날처럼 알려지고 현대사상에 한 획을 그은 인물로 행세하기는 불가능했을 것이다. 라캉을 유명하게 만든 또 하나의 시리즈 『세미나』의 출판도 『에크리』의 성공에 힘입은 바 크다. 라캉은 『에크리』의 성공 덕분에 비로소 폐쇄된 프로이트학파 소그룹의 지도자가 아니라 사르트르, 푸코와 같은 이론적 대가로 대중에게 추앙받게 되었다.

『에크리』의 출판 성공에 힘입어 라캉의 세미나는 많은 지식인들과 대중들이 참석하여 철학과 언어학에 의해 재해석된 새로운 정신분석 이론을 함께 나누는 명실상부한 지적 아고라가 되었다. 라캉이 죽은 지 대략 30년이 되어가는 오늘날 세계적으로 라캉에 대한 연구가 지속되고 새롭게 갱신될 수 있는 것은 그의 주저 『에크리』가 지니는 특별한 중요성 때문이다. 물론 라캉의 연구는 1970년 이후로 커다란 이론적 변화를 겪는다. 1960년대까지 주로 상징계와 욕망에 초점이 맞춰졌다면, 이제 실재계와 주이상스jouissance[2]가 그 자리를 대신한다. 그리고 연산식과 도식 대신 위상학을 통해 새롭게 다듬어진 수학소, 도형, 매듭 등이 핵심 범주로 등장한다. 하지만 상징계가 강조된다고 해서 상상계가 완전히 폐기되지 않듯이 라캉은 『에크리』에서 주조한 개념들과 표현들을 계속해서 사용하고 반복한다. 그리고 라캉 자신이 자신의 저서 『에크리』를 인용하거나 주석을 붙이면서 제삼자의 텍스트처럼 활용하기도 한다. 라캉의 사상적 변화와 관계없이 『에크리』는 라캉 사상을 비춰주는 거울로 활용할 수 있다.

이처럼 라캉의 작품을 이야기할 때 『에크리』가 차지하는 절대적 중요성과 비중은 다른 사상가들의 작품들이 흔히 보여주는 작품 상호 간 수평적 관계나 혹은 연대기적 가치(전기, 후기)와는 차원을 달리한다. 물론 그렇다고 해서 『세미나』의 중요성들이 과소평가될 수 있다는 말은 아니다. 라캉의 『세미나』도, 예컨대 정신병의 구조를 다룬 세미나 Ⅲ, 정신분석의 윤리를 주제로 삼은 VII, 성차와 주이상스에 대해 다룬 XX 등 주제별로 중요성이 제각각이다. 하지만 라캉 자신의 독특한 문체와 서술 방식이 전면적으로 드러나 있고, 텍스트의 행간을 통해 언어와 욕망의 관계, 무의식의 본질, 그리고 더 나아가 라캉의 개인사까지 암시되는 작품으로는 『에크리』가 유일하다고 말할 수 있다. 그러기에 라캉에 대한 연구는 참고문헌을 통하든 『세미나』를 통하든 종국에는 『에크리』를 경유해야 하는 것이다.

## 2장

# 라캉과 『에크리』

# 자크 라캉은 누구인가

1981년 9월 9일 라캉은 파리의 한 병원에서 숨을 거둔다. 마지막으로 그가 남긴 말은 죽음에 이르도록 지칠 줄 모르는 욕망을 표현하듯 "나는 집요하다. [⋯⋯] 나는 사라지고 있다."였다. 지그문트 프로이트(Sigmund Freud, 1856~1939) 이후 정신분석 이론을 전면적으로 개조했으며, 전후 프랑스 사상사에 커다란 이정표를 남긴 거목이었지만 장례식은 일부 가족과 지인들만 참석한 채 조촐하게 치러졌다. 라캉 삶의 후반부는 계속된 조직 내의 갈등, 학파의 해체와 설립의 반복, 물질적·지적 유산을 둘러싼 분쟁, 제자들의 배반과 이탈 등 파란의 연속이었다. 언제나 프랑스 정신분석학파의 분쟁의 중심에는 라캉이 있었으며, 그는 자신이 가담한 학파에서 프로이트도 누리지 못한 제왕적 권위를 행사했다. 많은 사람이 라캉을 떠났으며, 그에게 쏟아진 적대감과 비판도 많았다. 하지만 이 모든 과정은 기득권을 둘러싼 이권 분쟁이라기보다는 프로이트주의를 개조하려는 라캉 자신의 입장을 포기하지 않으려는 사상투쟁과 맞닿아 있다고 할 수 있다.

자크 라캉.

라캉은 누구인가? '냉소' '오만' '완고함' '전제' '허무' '보수' 등 그에게 돌릴 수 있는 많은 단어들이 있다. 라캉이 살아 있을 때에는 물론 오늘날에도 프로이트주의를 왜곡시켰다고 그를 비난하는 사람들도 많다. 그렇다면 라캉은 반대자들의 비난처럼 프로이트를 왜곡시켰고, 자신이 중심이 되는 정신분석학파를 유지하기 위한 기득권에만 집착한 탐욕스러운 아버지인가? 그의 마지막 독백처럼 어쩌면 평생 자신의 욕망을 위해 싸웠고, 욕망에 대해 절대 타협하지 않으며, 욕망의 끝까지 가보고자 했던 것이 라캉의 본모습이 아닐까?

진리, 주체, 환상 대상 a 등 라캉이 새롭게 정식화한 정신분석의 개념들도 그가 인간 경험의 핵심이라고 말한 욕망을 설명하기 위해 고안한 개념들이라고 말할 수 있다. 그는 나중에 정신분석의 윤리란 다른 무엇이 아니라 자신의 욕망에 따라 행동하는 것이라고 힘주어 말한다. 『에크리』의 내용을 살펴보기 전에 곡절이 많았던 그의 삶을 잠깐 들여다보자. 라캉의 삶과 저작은 하나라고 말할 수 있기 때문이다.

## 출생과 청년 시절

자크마리에밀 라캉(Jacques-Marie-Émile Lacan, 1901~1981)은 1901년 파리에서 태어났다. 라캉 가문은 오를레앙의 전통적인 식초 제조업자로서 중산층의 상인 가문이었다. 물질적인 어려움은 전혀 없었지만 라캉의 가정은 엄격한 가톨릭 신앙과 향토적 보수성, 그리고 물질주의 가치관이 지배하는 답답한 분위기로 라캉은 성장하면서 부단하게 집안과의 단절을 시도한다. 후일 라캉은 어린 시절을 늘 부정적으로 이야기했으며, 특히 전제적인 할아버지를 끔찍하게 싫어했다. 소심했던 라캉의 아버지는 아이들에게 다정다감했지만 그 존재가 미약했으며, 할머니와 어머니는 열광적인 가톨릭 신도이자 시골 사람 특유의 미신적 관습에 민감한 사람들이었다. 집안에서 라캉의 자질과 지적 취향을 알아보고 이를 키워줄 만한 사람은 아무도 없었다.

라캉은 태어나면서 할아버지의 이름 에밀을 포함 자크, 마리라는 세 개의 이름을 부여받는다. 자신이 혐오하는 할아버지의 이름을 지니고 살 수밖에 없었던 숙명과 강압적인 집안 분위기는 라캉을 독선적이면서 동시에 지극히 내면이 불안한 아이로 만들었다. 집안의 장남으로 라캉은 원하는 바를 다 가질 수 있었지만 동생들에 대해서 늘 질투 어린 감정을 표출했다. 집안의 가업을 계승하기를 바랐던 아버지의 소망과 달리 라캉은 어려서부터 상류사회로 진출하여 인정받고자 하는 명예심과 출세에 대한 야심이 남달랐다. 더구나 그의 천재적인 두뇌와 학문적 열정은 신앙과 시골 전통에 찌든 집안 분위기에 라캉이 평범하게 안착하지 못하게 만든다. 라캉은 어려서부터 동생들에게 제왕이자 아버지처럼 군림했는데 독불장군적인 면모와 거만한 성격은 나중에 국제정신분석협회(International Psychoanalytical Association, 이하 IPA)와의 갈등은 물론, 자신이 직접 만든 학파들 내에서 끊임없이 분쟁이 발생하는 원인이 된다. 어쨌든 그는 어려서부터 대단히 자기중심적으로 행동하면서도 동시에 사람들의 인정을 갈구했던 사람이었다. 어니스트 존스(Ernest Jones, 1879~1958) 같은 IPA의 몇몇 지도자에게 거침없는 독설과 비난을 퍼붓다가도 다른 한편으로는 끊임없이 IPA의 공식적인 인정을 받기 위해 자신의 입장을 숨기고 구애하는 것을 주저하지 않았다. 그리고 정치적 입장에서는 늘 보수적이었지만 그럼에도 학생 운동권을 비롯한 급진 좌파와도 계속해서 관계를 맺었다.

라캉의 이러한 이중성은 학문적 태도에도 그대로 반영된다. 라캉은 한편으로는 전통적 가치관이나 교조주의적 태도에 강한 거부감과 비판적 태도를 보이면서도, 동시에 급진적 전복을 주장하는 태도에 대해서도 늘 거리감을 둔다. 68프랑스 학생운동 당시 구조주의에 대한 논쟁이 한창일 때 라캉은 구조주의 입장을 옹호하기도 했지만, 정작 자신이 구조주의자로 분류되는 것을 못마땅해했다. 이처럼 라캉은 어떤 특정한 이데올로기에 자신을 묶어두는 것을 아주 싫어했는데, 자신의 사상에 대해서도 마찬가지였다. 1980년 베네수엘라의 수도 카라카스를 방문한 라캉이 강연을 듣는 청중들에게 "여러분이 라캉주의자라면 나는 프로이트주의자입니다."라고 말한 것은 아주 유명한 일화이다. '프로이트주의로의 복귀'를 주장하고 자신만이 프로이트주의의 정통 계승자라고 주장하면서도 그는 언어학과 철학을 차용해 프로이트주의를 재해석하고 새롭게 하는 데 일생을 바쳤다.

라캉은 종교 재단에서 운영하는 보수적인 스타니슬라스 Stanislas 중학교를 졸업하고 한때 다다이즘과 스피노자에 심취하고, 극우 사상가 샤를 모라스(Charles Maurras, 1868~1952)에 끌리기도 했다. 열아홉 살에 의학 공부를 시작하면서 라캉은 정신과 의사로서 사회생활의 첫발을 내딛는다. 프로이트가 신경과 의사이자 생리학자로 경력을 시작한 것처럼 라캉도 순수 정신과 의사로서 학문 세계에 입문한다. 라캉은 생트안느Sainte-Anne 병원에서 정신 질환과 뇌 전문의인 앙리 클로드(Henri Claude, 1869~1945)의 지도로 정신과 인턴과정

라캉과 살바도르 달리.

을 수료하고, 이후 클레랑보의 지도하에 파리 경찰청 정신병원 특별 의무실에서 1년 동안 근무한다. 1932년 『인격과 관련된 편집증적 정신병에 대하여*De la psychose paranoïaque dans ses rapports avec la personnalité*』라는 제목으로 의학박사 학위논문을 발표한다. 라캉은 정신분석이 아닌 정신과 의사로 출발했지만 이미 박사 학위논문을 통해 그의 이론적 독창성과 후기 사상의 전조를 보여주기 시작한 것이다. 이 시기 라캉은 앙드레 브르통(André Breton, 1896~1966), 살바도르 달리(Salvador Dali, 1904~1989)를 비롯한 초현실주의자들과 교류하면서 편집증에 관한 연구를 심화시킨다. 특히 박사 학위논문에서 '에메'라는 가명으로 다룬 여성 편집증 환자의 사례 연구에서 에메가 남긴 글에 각별한 관심을 기울이는 것은 후에 무의식의 언어적 속성을 주장하는 라캉의 모습을 예고한다고 할 수 있다.

아직 정신분석에 대한 깊은 이해는 없었지만 라캉은 정신병의 원인을 선천적 기질이나 유전적 요인 혹은 신체 기관의 이상에서 찾지 않고, 사회적 관계 속에서 형성되는 인격과 연관시켜 설명하였다. 인격이란 사회적 관계 속에서 주체가 다양한 경험을 하면서 삶을 영위할 때 주체를 지탱하는 심리 구조를 말하는 것으로, 이상화된 자아 이미지로 표출된다. 편집증과 같은 정신이상은 주체가 세계와 맺는 관계 속에서 발생하는 일종의 일탈이자 의식의 분열 현상으로 그 원인은 인격 구조에 대한 분석에서 찾아질 수 있다는 게 라캉의 생각이었다. 사회적 관계와 인격의 상호 작용을 강조하고 정신병의 원인을 기관 장애가 아닌 심적인 것에서 찾는 청년 라캉의 입장은 후에 무의식의 주체라는 개념으로 발전한다.

라캉의 박사 학위논문은 당시 의학계보다 무의식적 경험의 특수성과 체험을 강조하는 초현실주의자들에 의해 환영받는다. 초현실주의자들이 보기에 편집증은 인간 정신의 숨겨져 있는 본질을 보여주는 증상이며, 라캉은 편집증의 메커니즘을 인격 개념을 통해 새롭게 규명했기 때문이다. 무의식이 더 이상 임상적 차원에만 머물지 않고, 예술적 영감이나 시적 창조의 원천으로 활용될 수 있기 위해서는 새로운 접근 방법이 필요했으며 초현실주의자들은 라캉에게 그 가능성을 본 것이다.

## 정신분석에의 입문

박사 학위논문 발표 후 라캉은 루돌프 뢰벤슈타인(Rudolph Loewenstein, 1898~1976)에게 교육 분석을 받으면서 정신분석으로 방향을 틀기 시작한다. 이미 '에메'를 연구하면서 라캉은 프로이트 이론이 편집증 분석에 훨씬 효과적일 수 있음을 감지했기 때문이다. 당시 라캉이 몸담고 있던 정신 의학계는 정신분석을 그리 신뢰하지 않았으며, 정신분석을 수용하더라도 프랑스적 가치관에 맞게 개조된 정신분석 이론을 수용할 것을 주장했다. 그리고 이들은 프로이트 이론을 그 자체로 연구하는 게 아니라 정신의학에 통합시켜 정신의학을 단순히 보완하는 보조 학문으로 활용하고자 하였다.

하지만 라캉은 정신의학에 우위를 두는 이러한 통합에 반대했으며, 오히려 정신의학의 병리 이론을 정신분석의 무의식 이론을 통해 체계적으로 보완할 수 있다고 주장하였다. 라캉은 당시 프랑스 정신 의학계에 만연해 있던 국수주의 경향이나 역학적 유기체 이론에 기초한 정신의학적 연구 방법을 거부함으로써 이후 프랑스 정신분석 2세대를 이끌 선두주자가 된다. 그러나 라캉이 정신 분석가가 되는 과정은 순탄치 않았다. 그는 무려 6년간이나 교육 분석을 받아야 했는데, 라캉의 분석가 뢰벤슈타인이 라캉에게 분석가 자격을 부여하는 것에 대단히 소극적이었기 때문이다. 제도적 규칙에 매이기를 싫어하고 조금씩 자신의 고유한 이론화를 시도하면서 정신분석에 접근하기 시작한 이 변덕스러운 젊은이와 IPA의 관행과 제도에 충실한 전형적 분석가 뢰벤슈타인과는 선천적으로 궁합이 맞을 수 없었다. 그리고 거울단계를 비롯한 라캉의 새로운 이론들에 대한 기존 정신 분석가들의 거부감도 크게 작용했다.

그러나 라캉은 악시옹프랑세즈 회원이던 에두아르 피숑(Édouard Pichon, 1890~1940)의 도움으로 1938년 어렵게 파리정신분석학회의 정회원이 될 수 있었다. 자격을 획득하자마자 라캉은 뢰벤슈타인의 반대에도 불구하고 일방적으로 교육 분석을 중단한다. 라캉은 목표를 획득하기 위해서는 물불을 가리지 않았다. 이미 이 시기부터 라캉은 IPA가 강요하는 규칙들에 대해 거부하는 태도를 보임으로써 요주의 인물로 견제를 받기 시작한다. 라캉은 평생 IPA와 투쟁하는데, 그가 보기에 이미 프로이트주의는 거대하게 확대된 국제조직에 의해 교조화되고 변질되었기 때문이다. 국제조직의 헤게모니에 의해 생명력을 잃은 프로이트주의를 혁신하고자 라캉은 '프로이트로의 복귀'를 주장하면서 새로운 정신분석 이론을 전파하는 사도로서 자신의 소명을 찾는다.

1936년은 라캉에게 아주 의미 있는 해이다. 후에 라캉은 자신이 정신분석에 처음 입문한 것이 박사 학위논문 시기가 아니라 1936년이라고 말한다.[3] 바로 이해에 라캉이 마리엔바트Marienbad에서 개최된 IPA 회의에 처음으로 참가하여 '거울단계에 대한 보고서'를 발표했기 때문이다. 하지만 라캉의 발표는 당시 IPA 회장이던 어니스트 존스의 제지로 중간에 중단되었고, 잔뜩 화가 난 라캉은 발표 텍스트를 제출하는 것도 잊은 채 도도하게 회의장을 떠난다. 원래 '거울단계'라는 말은 프랑스의 심리학자 앙리 왈롱(Henri Wallon, 1879~1962)이 처음 사용하였지만, 라캉은 이 개념이 자아 형성의 메커니즘을 설명하는 데 아주 유용하다는 것을 간파하고 큰 중요성을 부여한다. 1966년 『에크리』가 출간될 때 라캉은 자신이 마리엔바트 회의에서 거울단계의 중요성을 환기시킨 것이 커다란 학문적 공헌이라고 자평한다. 마리엔바트에서 발표한 텍스트는 분실되었지만 1949년에 다시 쓰여 『에크리』에 수록된다. 「거울단계」는 라캉 초기 이론에서 아주 중요한 역할을 하게 되는데 이에 대해서는 2부 2장의 '상상계와 자아' 편에서 상세히 다루겠다.

프랑스 정신 분석사에 새로운 이정표를 제시할 영웅의 등장은 결코 화려하지 않았다. 자신의 박사 학위논문을 프로이트에게 보냈지만 프로이트의 관심을 전혀 받지 못했으며, 처음으로 IPA 모임에서 진행한 공개 발표도 의장에 의해 중단되었다. 참석자들 중 아무도 라캉의 중요성이나 '거울단계

이론'에 주목하지 않았지만 이 시기부터 라캉은 본격적으로 자신만의 새로운 이론들을 제시하며 정신분석 재창조의 닻을 올린다.

**이론의 개화와 학파 창립**

1942년 라캉은 센 강 좌안 오르세 박물관에 면해 있는 릴 Lille 거리 5번지로 이사 와서, 임종 때까지 이곳에서 연구 활동을 하면서 환자들을 돌본다. 당시 이 주변은 프랑스의 문화계 지식인이 아주 선호하던 곳이다. 릴 거리는 파리 지식인들과 젊은이들이 어울리는 동네인 카르티에라탱[4]과 지척이며, 전후 예술가들과 문학인들이 자주 모여 토론했던 유명한 카페 '레 되 마고Les Deux Magots'와 '드 플로르De Flore'에서도 멀지 않다.

특정 지역의 카페와 서점을 중심으로 지식인들의 만남과 토론이 이루어지면서 사상의 흐름이 형성되는 것이 프랑스의 독특한 전통이다. 라캉이 거주지를 바꾼 것은 지리적 이동에 그친 것이 아니라 라캉 자신의 삶을 가르는 하나의 상징적인 사건이 된다. 이제 라캉은 그전까지 자신이 몸담았던 파리 정신 의학계[5]와 단절하고 철학을 비롯한 인문학과 소통할 수 있는 새로운 정신분석 이론의 구상에 몰입하게 된다. 이제 릴 거리 5번지는 라캉주의가 새로이 탄생하는 요람이자, IPA와의 갈등을 부른 혁신적인 임상이 실천되는 창조적 공간이 된다. 프로이트가 자신의 집무실인 빈 9구의 베르크가세Berggasse 19번지에서 처음 수요심리학회 모임을 통해 정신분석을 창시한 것처럼 라캉의 첫 번째 세미나도 바로 릴 거리 5번지에서 열린다. 나중에 라캉의 집이자 일터인 릴 거리 5번지 아파트는 누구나 와서 상담을 받거나 각종 책과 수집품들을 보며 쉴 수 있는 열린 공간이 된다. 라캉은 사생활의 공간과 직업적 공간의 구별을 없앰으로써 분석과 일상생활이 별개가 아님을 실천으로 보여주었다. 특정한 규범이나 규칙을 통해 정신분석의 생생한 힘을 옥죄어 놓고 이를 단순히 치료의 기술로만 전락시키는 것을 라캉은 거부한 것이다. 이 모든 실험이 릴 거리 5번지에 있는 라캉의 아파트에서 진행된다.

1953년 프랑스 프로이트 조직의 공식 기구인 파리정신분석학회(Société Psychanalytique de Paris, 이하 SPP)의 분열이 발생한다. SPP는 그때까지 프랑스의 합법적인 IPA 지부로 인정을 받은 통일 단체였지만 점차 내부 갈등이 커졌다. 조직의 분열은 분석가의 훈련 방법과 정신분석을 대학에 정착시키는 방식을 둘러싼 논쟁에서 비롯되었다. SPP 내의 두 진영이 대립하였는데, 한쪽은 사샤 나흐트(Sacha Nacht, 1900~1977)에 의해 또 다른 한쪽은 다니엘 라가슈(Daniel Lagache, 1903~1972)에 의해 대표되었다. 정신분석의 목표와 의학적

이상이 일치할 수 있다고 본 나흐트는 엄격한 훈련 프로그램과 위계적 질서를 중시하였으며, 의사 출신 훈련생을 많이 받아들였다. 나흐트는 SPP 내에서 기존 제도를 더 강화하려는 보수주의를 대표하는 사람이었다. 반면에 자유주의적 성향을 가졌던 라가슈는 정신분석을 의학이 아닌 심리학에 병합시키고자 했으며, 훈련에서도 선생과 제자 간의 자유로운 의사소통을 허용할 것을 주장했다.

두 진영은 IPA가 권고하는 규칙과 공식적인 훈련 프로그램 자체를 거부하지는 않았기에 이 싸움이 새로운 이론 논쟁으로 발전하지는 않았고 인적 대립에 그쳤다. 결국 라가슈, 프랑수아즈 돌토(Françoise Dolto, 1908~1988) 등은 SPP를 탈퇴하고 프랑스정신분석학회(Société Française de Psychanalyse, 이하 SFP)를 결성하게 된다. 천성적으로 혁명보다 체제 내 개혁을 선호했던 라캉은 두 진영 모두를 비판했으나 결국 어쩔 수 없이 SFP에 합류한다. 앞서 언급했듯이 이미 라캉은 IPA와 SPP 내에 많은 적을 만들었는데 그가 IPA에서 권고하는 분석과 훈련 규칙들을 준수하지 않았기 때문이다. 특히 가변적 분석 시간 혹은 짧은 분석으로 불리는 라캉의 진료 방식[6]이 핵심 문제로 대두되었기 때문에 라캉 스스로 대외적으로 자신의 분석 방식을 숨겨야 할 정도였다. 그러므로 라캉의 SFP 합류는 어떻게 보면 필연적이었으며 이후로 계속되는 조직 분화의 서막이기도 했다. 라캉이 SPP와 SFP의 분열 자체에 주도적 역할을 하지는 않았지만, 이후 SFP는 라가슈와 라캉에 의해 주도되면서 바로 라캉 때문에 IPA의 지부로서 합법적 승인을 받지 못하기도 한다.

라캉은 1953년에 유명한 논문 「정신분석에서 말과 언어의 기능과 장」을 발표하는데 새로운 조직 SFP에 주는 일종의 이론적 지침서였다. 이 논문에서 라캉은 정신분석은 말하는 주체에 관한 학문임을 역설하면서 주체의 원인이자 실질적 세계가 되는 상징계의 중요성을 강조한다. 1953년은 라캉의 세미나가 생트안느 병원의 대강당에서 공식적으로 시작되는 해이기도 하다. 이때부터 라캉은 '프로이트로의 복귀'를 주장하면서 정신분석 이론에서 언어적 접근 방법의 중요성을 강조한다. 물론 라캉이 말하는 프로이트는 정통 사상에 대한 충실한 해석을 통해 부각되는 그런 프로이트가 아니다. 라캉은 프로이트가 당시 학문적, 시대적 한계 속에서 미처 개념화하지 못했지만 의도했던 내용을 새 시대의 학문적 성과와 결합시키면서 현대사상 속에서 정신분석의 역할을 확장하고자 하였다.

예컨대 라캉은 '말하는 주체'라는 개념이 프로이트 무의식 이론의 핵심이라고 주장하지만 정작 프로이트에게는 이 개념이 없었다. 하지만 '말하는 주체'는 프로이트가 무의식의 지형학⁷⁾을 통해 보여주고자 했던 인간 정신 구조에 대한 라캉의 보완적인 해석이다. 라캉은 무의식의 언어적 속성에 주목했던 초기 프로이트의 모델을 발전시켜 무의식의 실체가 성적 리비도의 흐름과 억압이 아니라 언어적 구조라고 설명한다. 라캉은 자신의 프로이트 해석과 새로운 이론들을 세미나 형식을 통해 대중에게 전달한다. 그리고 분석가 내부에서 자신의 세미나를 기록한 녹취록이 자유롭게 활용되도록 함으로써 새로운 정신분석 세대의 스승으로 자리 잡아나간다. 라캉은 1953년부터 죽기 1년 전까지 매년 하나의 주제를 정해서 정기적으로 세미나를 진행했다. 앞서 언급한 것처럼 라캉은 글로 이루어지는 작업인 출판보다는 말로 이루어지는 현장 강의를 중시한 것이다. 그렇지만 『에크리』의 대중적 성공이 계기가 되어 1973년부터 쇠유 출판사에서 『세미나』가 출판되기 시작한다. 『세미나』 출판은 앞서 말했듯이 라캉의 사위이자 공식 후계자인 밀레에 의해 주도된다. 처음 출판된 『세미나』는 1964년 고등사범학교(Ecole Normal Supérieure, 이하 ENS)로 장소를 옮겨서 진행한 세미나 XI이다. 바로 이해에 라캉과 밀레의 만남이 이루어졌기 때문에 세미나 XI이 첫 번째 출판물로 선정되었다. 그 전해인 1963년 라캉은 IPA의 교육법 전문가 명단에서 제명되었으며, 그간 세미나 장소로 활용되던 생트안느 병원을 떠나야 했다. 원래 1964년에 계획

된 세미나의 주제는 '아버지의 이름(*Les Noms-du-Père*)'[8]에 관한 것이었는데, 제명 사태를 겪고 나서 라캉은 '정신분석의 원리들(*Les fondement de la psychanalyse*)'로 제목을 바꾼다. 나중에 『정신분석의 네 가지 근본 개념 *Les quatre concepts fondamentaux de la psychanalyse*』으로 제목이 다시 바뀌어 출판된 세미나 XI에는 IPA에서 쫓겨난 라캉의 항변이 '파문'이라는 제목으로 수록되어 있다. 이 글에서 라캉은 유대인 공동체에서 추방당한 스피노자에 자신을 견주며 IPA의 폐쇄성을 규탄했다. 『세미나』는 전 27권으로 2007년 현재도 출판이 진행 중이다.

1964년부터 세미나 장소가 변경된 것은 세미나의 내용에도 여러 가지 변화를 가져왔다. 그 이전까지 분석가들이 세미나의 주된 청중이었다면, 이제 루이 알튀세르(Louis Althusser, 1918~1990)의 제자들을 포함해서 보다 넓은 범위의 지식인들과 대중들이 세미나를 듣게 되었기 때문이다. 세미나 참석자 중에는 클로드 레비스트로스(Claude Lévi-Strauss, 1908~1991), 알튀세르, 폴 리쾨르(Paul Ricoeur, 1913~2005) 등도 있었다. 세미나는 한편으로 분석가들의 훈련과 양성을 목표로 했으며, 다른 한편으로는 라캉주의의 대중적 확산을 겨냥했다. 후자는 정신분석이 과연 과학인가에 대한 주제를 중심으로 진행되었는데 이러한 문제의식이 세미나 XI, 『정신분석의 네 가지 근본 개념』에 잘 나타나 있다.

그리고 세미나 XI에서 처음으로 비중 있게 다뤄진 '충동' 개념을 통해 라캉이 이제 상징계에서 실재계로 관심을 옮겨 가고 있음을 볼 수 있다. 상징계가 주체를 가능하게 만들어주는 의미화의 세계라면 실재계는 상징계의 한계와 욕망의 절대성을 보여주는 개념이다. 충동들이 겨냥하는 부분 대상들은 충동의 최종 목표가 아니다. 충동 자체는 계속되는 순환을 통해 만족을 누리는데, 그 중심에는 영원히 잃어버린 대상에 대한 욕망 즉 결여가 놓여 있다. 충동이 겨냥하는 것은 상징계를 넘어서는 실재이다. 여러 모로 1964년의 세미나는 중요하다.

그리고 1964년에 라캉은 자신의 학설을 실천할 새로운 조직인 파리프로이트학교(Ecole Freudienne de Paris, 이하 EFP)를 주도적으로 창립한다. 라캉이 보기에 정신분석이 주된 탐구 주제로 삼아야 하는 것은 욕망의 현실이며, 그것을 새로운 이론을 통해 규명하고 임상적 영역에서 실천하기 위해서는 보다 엄격한 조직적 훈련을 통해 분석가를 양성해야 했다. 그러기 위해서는 SFP처럼 아카데미즘적 전통에 따라 다소 느슨하게 구성되어 있는 학회보다는 라캉 자신이 구상하는 정신분석의 원칙을 따르고 실험할 일사불란한 조직과 라캉주의를 직접적으로 임상과 훈련에 반영하는 프로그램이 필요했던 것이다.

일단 이론적 목표가 서면 정치적 고려나 망설임 없이 실행에 옮겨야 했으며, 그것은 누구와도 나눌 수 없는 라캉 자신의 고유한 임무이자 권한이었다. 라캉은 SFP와 결별하면서 자신을 추종하는 제자들을 데리고 전통적 프로이트주의가 아닌 라캉주의를 신봉하는 자신만의 학파를 다시 창설한 것이다. 창립 선언문과 단체의 이름조차 라캉에 의해 비밀리에 구상되어 전격적으로 발표된다. EFP는 라캉 이론을 반영하는 분석가의 훈련과 임상을 포함한 정신분석 실천의 모든 것을 자유롭게 실험해보는 그런 조직이라 할 수 있다. 그리고 그 중심에는 IPA의 교조주의와 제도화된 규칙에 맞서 싸우면서 프로이트주의의 본질적 정신과 가르침을 계승하겠다는 라캉의 욕망이 있었다.

EFP는 라캉의 카리스마에 힘입어 아주 짧은 시간에 급속히 성장했는데 조직의 확장은 프로이트주의를 프랑스에 뿌리내리는 데 실질적으로 도움을 준다. 하지만 지나친 양적 팽창과 라캉 자신의 전제적 조직 운영 방식, 그리고 라캉주의가 본래부터 안을 수밖에 없는 이상과 현실의 부조화는 조직 내의 또 다른 위기를 불러온다. EFP는 분열의 끝이 아니었다. 이제 라캉을 따랐던 많은 제자들이 라캉을 떠난다. 물론 스승은 배신에 분노했지만 문제의 근원이 자신에게 있었기에 상황을 바꿀 수 없었다. 그래도 명맥을 유지하던 EFP는 1980년 프로이트주의파(Cause freudienne, 이하 CF)로 바뀌고, CF는 다시 그다음 해에 프로이트주의학교(Ecole de la Cause Freudienne, 이하 ECF)로 대체된다.

이처럼 라캉의 삶은 IPA와의 투쟁과 계속되는 조직의 분화와 재창립의 반복으로 점철된다. 라캉에게 사상은 양보의 대상이 아니었으며, 그것의 실천은 욕망에 따라 행동하라는 정신분석의 윤리에 의해 정당화된다. 물론 라캉이 말하는 욕망은 개인적 차원의 욕구와는 구별된다. 욕망의 본질은 구체적인 대상을 갈구하는 것이 아니다. 욕망은 인간에게만 고유한 것이며, 인간을 인간으로 남게 해주는 그런 것이다. 인간은 무엇보다 언어적인 존재이고 언어는 언제나 인간을 속이기 때문이다. 인간은 늘 무엇인가를 찾으며 그것이 욕망의 대상이라고 착각하지만, 어떤 대상으로도 채울 수 없는 결여는 끈질기게 인간을 괴롭힌다. 그러기에 욕망은 상상계, 상징계, 실재계의 복합적 관계 속에서 작용하면서 죽음까지 지속되는 것이다. 라캉 이론과 실천 속에는 욕망에 대한 이러한 문제의식이 있다. 욕망이 인간의 고유한 본질이며, 정신분석은 욕망이 무엇이고 어떻게 욕망의 윤리에 충실해야 하는지를 이론적으로는 물론 실천적으로도 보여줘야 한다는 사명 말이다.

라캉은 일생 동안 계속된 투쟁을 통해 정신분석의 창시자 프로이트의 욕망, 분석의 전이적 관계를 통해 드러나는 분석가와 피분석가의 욕망, 그리고 프로이트를 계승하는 라캉 자신의 양보할 수 없는 욕망의 문제를 이론의 전면에 부각시키고자 했다. 여기에 오늘날 라캉을 읽고자 하는 우리 독자들의 욕망을 덧붙일 수 있을 것이다. 욕망이야말로 『에크리』의 전체 주제라고 할 수 있다. 그리고 앞에서 살펴본 것처럼 우리는 라캉의 삶과 투쟁을 살펴봄으로써 절대로 포기되어서는 안 되는 욕망의 본성을 배울 수 있다.

# 『에크리』의 시대적 배경

본격적인 작품 해설에 들어가기 전에 『에크리』가 출판된 1960년대 프랑스의 지적 상황을 살펴보자.

### 구조주의 시대와 『에크리』

『에크리』가 출판된 1960년대는 구조주의 사상이 맹위를 떨치던 시기였다. 구조주의는 페르디낭 드 소쉬르(Ferdinand de Saussure, 1857~1913)의 언어학 이론과 방법론에 직접적인 영향을 받아 인간 사회를 상징적 관계와 형식적 체계로부터 설명하면서 주체의 전능성을 배격하는 이론적 입장이다. 1960년대 이전까지는 구조주의로 부를 만한 사상가들의 공통성이 그리 눈에 띄지 않았지만 1960년대에 들어와 구조주의 입장에서 서술된 많은 저작들이 쏟아져 나오면서 이제 구조주의는 프랑스 인식론을 특징짓는 하나의 용어가 되기 시작한다. 구조주의라는 이름 아래 특별히 레비스트로스, 알튀세르, 푸코, 라캉의 이름이 자주 거론되기 시작한다.

레비스트로스는 1946년 대작 『친족 관계의 기본 구조Les Structures élémentaires de la parenté』를 출판하여 인류학계뿐 아니라 사상계 전반에 큰 반향을 일으켰다. 레비스트로스는 이 책에서 친족 관계가 자연적인 혈연적 유대가 아니라 상징적 교환의 가능한 형식들 중 하나이며, 사회란 이런 교환 형식을 통해 형성되고 유지된다고 주장한다. 그리고 인간의 모든 행위들은 심층적이고 무의식적인 구조들에 의해 동기가 규정된다고 말한다. 레비스트로스는 『슬픈 열대Tristes tropiques』(1955)와 『구조 인류학Anthropologie structurale』(1958)을 발표하면서 구조주의라는 새로운 조류 형성에 크게 기여한다.

또한 레비스트로스는 라캉과 친하게 지내면서 라캉 사유 형성에도 지대한 영향을 미쳤다. 라캉이 공식처럼 강조하는 상징계의 우월성은 레비스트로스가 말하는 '상징계의 효력'이라는 개념으로부터 직접적으로 영감을 받은 것이다. 소쉬르 언어학 연구의 중요성, 즉 기호 체계의 작동 법칙, 언어와 말의 관계 등에 주목할 필요성을 강조하고, 시니피에에 대한 시니피앙의 역동적 작용과 영향력에 먼저 주목한 것도 레비스트로스였다. 라캉 스스로 시니피앙 이론을 구상하면서 레비스트로스로부터 많은 영감을 받았다고 시인하기도 했다. 라캉이 프로이트 사유에 내재한 생물학적이고 역학적인 무의식 모델을 폐기하고 상징계의 작용이 수행되는 순수 공간으로 무의식을 규정할 때 레비스트로스의 구조 개념, 상징계의 우월성, 근친상간의 금지와 문화의 상관관계 등의 이론이 큰 도움이 되었다고 할 수 있다.

알튀세르는 1965년 『마르크스를 위하여 Pour Marx』를 통해 마르크스주의의 정수는 소외론과 인간론 중심으로 이해되는 초기 저작이 아니라 후기 『자본론』이라며 인식론적 단절을 주장했다. 그리고 이듬해에 알튀세르는 제자 에티엔느 발리바르(Étienne Balibar, 1942~ )와 함께 『자본론을 읽는다 Lire le Capital』를 발표한다. 이 책에서 알튀세르는 마르크스주의와 헤겔 사상의 단절을 선언하면서 마르크스 사상에 대한 과학적이고 구조적인 입장의 해석을 강조한다.

알튀세르 역시 라캉과 개인적 인연이 많은 인물이다. 1963년 라캉이 IPA에서 파문되고, 생트안느 병원의 대강당마저 사용할 수 없게 되었을 때 ENS에서 세미나가 계속될 수 있도록 도와준 사람이 바로 알튀세르였다. 그는 자신의 철학과 제자들에게 라캉의 세미나에 참석할 것을 권유하였으며, 제자 중 한 명인 밀레를 통해 라캉 이론이 철학적으로 세련되게 다듬어질 수 있게 하는 데 자신도 모르게 일조하기도 했다. 알튀세르는 라캉을 주제로 강의를 하기도 했는데, 이 강의를 바탕으로 「프로이트와 라캉」이라는 탁월한 논문을 쓰기도 했다. 하지만 알튀세르는 레비스트로스나 로만 야콥슨(Roman Jakobson, 1896~1982)처럼 라캉에게 직접적인 영향을 미치지는 못했다.

이들 외에 구조주의자로 분류되는 사람은 『광기의 역사 Histoire de la folie à l'âge classique』(1961)를 통해 화려하게 등장한 미셸 푸코(Michel Foucault, 1926~1984)가 있다. 그는 『말과 사물Les mots et les choses』(1966)과 『지식의 고고학L'achéologie du savoir』(1969) 등 중요한 저작을 연거푸 발표한다. 푸코는 정신병리학부터 의학, 범죄학, 성욕에 이르기까지 폭넓은 주제들을 탐구하면서 구조주의 분석의 효용성을 다양한 영역으로 확장한 사람이다. 고고학이란 말이 암시하는 것처럼 푸코는 지식의 숨겨진 구조를 과학적인 탐구를 통해 드러내고자 했으며, 각각의 시대는 그 시대에 고유한 에피스테메에 의해 규정된다고 설명한다. 에피스테메란 한 문화 내에서 어느 주어진 한순간에 모든 영역의 인식을 가능하게 만드는 기호 체계를 말하는 것으로 일종의 역사적 선험성이라 할 수 있다. 에피스테메는 담론들이 상호 작용하면서 서열

화되도록 배치하는 구조적 관계이기도 하다. 푸코는 또한 인간 중심주의에 반대하면서 형이상학적 틀에서 이해된 주체 개념을 전면 거부한다. 라캉보다 스물다섯 살이나 어린 푸코는 라캉과 같은 세대의 지식인이라기보다 후세대에 속한다고 말할 수 있다.

레비스트로스, 알튀세르, 푸코 등 이상의 구조주의자들 명단에 우리는 『에크리』를 집필한 라캉을 첨가할 수 있을 것이다. 구조주의자라 불리는 사상가들은 자신들이 이러한 명칭으로 불리는 것을 몹시 싫어했지만 우리는 몇 가지 공통점을 통해 구조주의를 정의할 수 있다. 구조주의자들은 주체 혹은 의미적 차원보다 자율적이고 독립적인 영역인 상징적 질서가 더 본질적이라고 주장한다. 「구조주의를 어떻게 식별할 것인가À quoi reconnaît-on le structualisme」를 쓴 질 들뢰즈(Gilles Deleuze, 1925~1995)에 의하면 구조주의 사상의 첫 번째 특징은 상징적인 것을 제3의 자율적 질서로 발견하고 강조하는 것이다. 여기에서 말하는 상징적인 것은 차이화를 발생시키는 미분적인 관계들의 체계와 언어와 같은 구조의 구성 요소가 만들어내는 특이성의 체계를 말한다. 구조주의에 의하면 주체의 행위와 의미는 구조의 요소들이 맺는 관계와 위치에서 발생하는 부차적 결과일 뿐이다. 다시 말해 자리들과 위치들이 그것을 점유하는 존재자나 현상보다 더 근본적이라는 말이다. 당연히 이들은 자유, 의지, 실천 대신 인간의 죽음과 휴머니즘의 종말을 역설하고, 주체 없는 과정으로서 역사의 진행을 보여주려고 한다. 주체의 동일성을 부정하고 관념과 의미를 비의미적 요소들의 분산과 이동의 파생물로 본다는 점에서 구조주의는 전통적인 이성 중심주의 철학과 철저하게 대립된다. 라캉 역시 상징계의 독립성과 우월성을 말하고, 주체를 언어의 효과로 본다는 점에서 구조주의적인 문제의식을 공유한다고 말할 수 있다.

하지만 라캉은 마지막까지 주체라는 개념을 버리지 않는다. 그리고 주체와 상징계의 관계에 욕망을 위치시키고, 욕망의 윤리를 강조함으로써 여타의 구조주의자들과는 다른 특이성을 보인다. 그리고 『에크리』 이후 상징계를 벗어나고 그것에 저항하는 실재에 초점을 맞추면서 이론적인 전환을 보이기 때문에 라캉을 구조주의 테두리에만 묶어두려는 것은 자칫 라캉의 풍부한 이론과 문제의식을 박제화하거나 왜곡할 위험이 있다.

『에크리』가 출판된 1966년에는 구조주의 사유가 프랑스를 휩쓸고 있었다. 만약 『에크리』에서 제시되는 라캉 이론이 전통적인 데카르트적 주체를 부정하고, 상징계의 결정성을 강조하기 때문에 이를 근거로 라캉을 구조주의로 분류한다면 큰 무리는 없을 것이다. 실제로 라캉도 시니피앙 이론을 통해 구조주의적 프로이트 해석에 공헌을 했다고 말할 수 있다. 하지만 라캉 자신이 강조했듯이 라캉의 사상이 구조주의냐 아니냐의 평가는 중요한 문제가 아니다. 오히려 구조주의가 확산되던 1960년대의 사상사적 지형에서 라캉의 독특한 위치와 공헌이 무엇인지를 정확히 살피는 것이 더 중요하다.

이런 면에서 『에크리』를 관통하는 라캉의 가장 큰 문제의식과 핵심 주제가 무엇인가를 먼저 정리할 필요가 있다. 『에크리』는 다양한 주제와 개념을 다루는 여러 논문의 모음집이면서도 전체를 관통하는 핵심 개념을 축으로 책 전체가 견고한 이론적 통일성을 보여준다. '상징계와 주체의 관계'가 바로 『에크리』의 핵심 주제를 이룬다. 욕망, 충동, 결여, 반복, 죽음, 대상 등 여러 용어들은 이 관계를 설명하기 위해 동원되고 있다고 말할 수 있다. 2부에서 우리는 『에크리』가 다루는 주요 논문의 내용과 구성 방식을 살펴봄으로써 이렇게 말하는 근거를 이해할 수 있을 것이다.

### 라캉의 친구들

라캉은 의학 연구에 몰두할 당시에도 이미 철학에 대한 관심이 지대했고 철학자, 문학가, 예술가들을 포함한 여러 사상가들과 어울렸다. 활발한 지적 교류는 라캉이 정신분석 이론만이 아닌 인접 학문의 이론에 눈을 뜨도록 해주었으며, 프로이트를 새로운 시각과 관점으로 해석할 수 있는 지적 자양분을 공급해주었다. 특히 라캉은 철학과 언어학을 중요시했는데 라캉의 이러한 태도는 철학에 대해 애써 거리를 두었던 프로이트와 대조를 이룬다. 프로이트는 철학을 사변적인 학문으로 평가하면서 정신분석이 철학의 영향을 받을까 봐 아주 경계했지만 라캉은 철학의 개념과 연구 방법이 정신분석을 과학화하려는 시도에 매우 유용하다고 보았다. 그리고 언어학 이론도 라캉이 프로이트를 재해석하는 데 중요한 도구로 활용된다.

여러 사상가들 중 특히 코제브, 코이레, 레비스트로스, 조르주 바타유(Georges Bataille, 1897~1962), 야콥슨 등은 라캉의 사유 형성에 직간접적으로 커다란 영향을 미친 사람들이다. 이들과의 우정과 학문적 교류를 통해 라캉은 정신분석의 개념들을 철학적으로 검증하고 프로이트주의를 새롭게 승화시킬 수 있는 이론적 도구를 얻게 된다.

러시아 이민자 출신으로 뛰어난 지성의 소유자인 알렉상드르 코이레(Alexandre Koyré, 1882~1964)는 과학사를 철학적 안목으로 새롭게 기술하면서 과학철학의 새로운 모델을 확립한 철학자이다. 그는 제 학문의 영역을 나누고 한 학문의 내적 체계에 제한된 발전론적 관점에서 고립적으로 이론을 연구하는 대신에 각 시대를 관통하는 사상의 총체적이고 구

알렉상드르 코이레.

조적인 연관성에 주목하면서 철학, 종교, 과학을 종합적 틀에서 해명하려고 했다.

코이레는 각 시대마다 그 시대를 규정하는 공통된 물음과 인식론적 조건들이 있으며, 제 학문 분과는 그 물음을 중심으로 분화되기에, 궁극적으로 한 시대의 사상을 통일된 맥락에서 설명할 수 있다고 보았다. 예컨대 그리스 이래 고전주의 시대까지는 아리스토텔레스의 세계관이 우주론의 전형처럼 제시되었으며 모든 학문은 이러한 목적론적 세계관에 의해 이끌린다. 아리스토텔레스에 의하면 세계는 특정한 목적과 수직적 질서에 따라 편재된 유기적 우주이며, 운동이란 최초 원인인 부동의 동자에 의해 시작되는 연속적 과정이다. 근대는 이러한 아리스토텔레스적 우주관을 비판적으로 극복하면서 성립하는데, 대표적으로 자연에서 목적론적 질서를 배제하고 운동을 체계적인 수학적 법칙에 의해 설명하는 데카르트적 우주관이 전형이다. 자연을 합리적이고 명쾌하게 이해할 수 있다는 믿음과 그것을 담당하는 사유하는 주체는 근대를 이전 시기와 확연하게 구별해준다.

코이레는 과학의 역사를 연구하면서 일련의 지적 혁명을 가능하게 만드는 사유의 하부구조들을 분석하고 범주화하는 데 노력을 기울였다. 코이레는 장 카바예(Jean Cavaillès, 1903~1944), 조르주 캉길렘(Georges Canguilhem, 1904~ 1995)과 더불어 프랑스 합리주의 전통, 즉 경험과 주체를 초월하는 합리적 질서와 형식을 통해 현상을 설명하는 프랑스 사유의 계보를 잇는 사람이다. 한 시대의 사상과 문화는 주체의 초월적인 활동이나 추상적인 개념들의 작용에 의해 생산되는 게 아니고 오히려 이를 가능하게 만드는 형식과 구조로부터 가능하다는 게 프랑스 합리주의자들의 핵심 주장이다. 이러한 태도는 라캉에게서도 찾아볼 수 있는데 상징계 개념과 시니피앙 이론이 그것이다. 상징계는 주체에 앞서 존재하는 선험적이고 독립적인 질서이며, 주체의 탄생 원인이자 주체가 접하는 세계의 물질적 토대가 된다. 하지만 라캉은 합리적 질서를 중시하면서도 경험과 의미의 영역을 포기하지는 않는데 이것이 전후 사상가들 중 라캉이 보이는 이론적 특이성이다.

코이레는 또한 1920년대 프랑스 내에 헤겔주의를 새롭게 소개하고 정착시키는 데도 나름의 역할을 했다. 1930년대 헤겔 사상의 붐을 일으키는 알렉상드르 코제브(Alexandre Kojève, 1902~1968)도 코이레의 세미나에 참석하면서 그의 헤겔 해석에 영향을 받았다. 코이레는 무엇보다도 헤겔 철학에서 존재의 바탕에 깔려 있는 불안에 주목하였으며, 변증법적 역사 진행의 최종적 완성을 강조하는 '역사의 종말'이라는 관점으로 헤겔 사상을 해석했다. 라캉이 코이레와의 교류에 직접적 영향을 받지는 않았지만, 코이레에 의해 소개된 헤겔 철학의 중요성과 합리주의 태도는 라캉의 사상에 그대로 녹아들었다고 평가할 수 있다. 라캉이 진리를 말할 때 강조하는 과학성과 반휴머니즘적 모습도 코이레의 사상과 유사하다.

코이레에 비해 라캉에 대한 코제브의 영향은 보다 직접적이다. 코이레와 마찬가지로 러시아 망명객 출신인 코제브는 독일로 가 칼 야스퍼스(Karl Jaspers, 1883~1969) 밑에서 공부한 후 프랑스에 정착했는데 나중에 헤겔에 대한 강의를 통해 프랑스 지성계에 참신한 지적 충격을 주었다. 프랑스 지성인들은 오랫동안 헤겔을 잊고 있었으며 헤겔주의를 한물간 목적론적 역사철학 정도로 알고 있었기 때문이다. 코제브는 헤겔이 역사의 동력으로 설정하는 자기의식의 변증법과 주체 상호간 인정투쟁이라는 개념이 새로운 시대의 프랑스 철학을 확립하는 데 아주 유용한 개념적 자원이 될 수 있음을 깨우쳐준 사람이었다.

라캉은 1959년의 세미나에서 자신에게 헤겔을 소개한 사람이 바로 코제브였다고 상기하면서 그를 자신의 이론적 스승으로 소개한다. 코제브는 특히 공개적인 세미나를 통해 헤겔의 『정신현상학』에 대해 독창적이고 현대적인 해석을 제시함으로써 헤겔의 중요성을 재발견하도록 만든 사람이다. 코제브의 세미나에는 당대 프랑스 사상의 거두들인 사르트르, 바타유, 메를로 퐁티 등 쟁쟁한 지식인들이 대거 참가하였다.

알렉상드르 코제브.

　코제브는 『정신현상학』에서 말하는 의식의 변증법을 생생한 현대적 언어와 맥락 속에서 인류사적 시각으로 재구성하여 설명한 사람이다. 인정을 위한 상호 투쟁, 주체를 무화시키는 타자, 역사의 종말과 부정성, 역사의 원동력으로서 욕망 개념 등은 코제브에 의해 해설되고 중요성이 부각되면서 라캉에게 그대로 이어진다. 코제브는 헤겔의 텍스트를 『정신현상학』 4장 '주인과 노예의 변증법' 개념을 중심으로 재해석하였는데, 그 근저에는 인정을 위한 욕망이 깔려 있다. 주인과 노예의 상호 투쟁은 욕망의 만족을 위한 것인데 욕망의 만족이 실현되기 위해서는 타자로부터 오는 인정이 절대적이다. 그러므로 욕망은 자의적인 주관적 욕망이 아니라 타자의 욕망에 대한 욕망으로 구조화될 수밖에 없게 되는데 욕망의 이러한 변증법적 성격은 라캉의 상호 주체성 개념으로 계승된다.

라캉이 헤겔 사상에 직접적인 영향을 받았다기보다 코제브가 이해한 헤겔에 영향을 받았다고 말하는 게 정확할 것이다. 라캉이 1950년대에 하이데거에 경도된 것도 같은 맥락에서 이해할 수 있다. 코제브는 욕망을 존재의 발현으로 보는데, 하이데거가 말하는 존재의 진리와 언어와의 연관성은 이것과 유사하다고 볼 수 있기 때문이다. 욕망과 주체에 관한 라캉 사상의 기본 틀이나 핵심 개념들은 코제브의 가르침에서 기인한 것이 많다. 코제브는 『헤겔 정신현상학 강독 입문 Introduction à la lecture de Hegel, Leçons sur la Phénoménologie de l'Esprit』에서 헤겔이 말한 모든 것이 '역사의 종말'에 관계된다고 말하는데, 그것은 최초 인간관계에 설정한 대립이 사라지고 인간성 자체가 부정되는 동물성의 단계인 무(無, néant)로의 회귀를 말한다. 나중에 부정성의 개념은 라캉에게 주체 소멸과 존재의 무적 본질이라는 생각으로 세련되게 발전한다.

이처럼 라캉은 1934~1937년 코제브가 진행한 월요세미나에 단골로 참석하면서 이후 자신이 가다듬을 정신분석의 새로운 개념들에 필요한 많은 영감을 받는다. 그리고 또 하나 주목할 만한 것은 세미나라는 구두 강연 형식을 통해 헤겔의 텍스트를 현재적 맥락에서 재해석하면서 이로부터 나오는 지식을 현장에서 전달하는 코제브의 교수법이다. 코제브가 시작한 세미나를 통한 사상 전파 방식은 라캉에게 차용되면서 그의 독특한 세미나 강의 스타일로 굳어진다.

레비스트로스는 라캉으로 하여금 사회적인 것의 기원과 작동 방식을 설명할 수 있는 언어학의 유용성에 주목하게 하였고, 상징계라는 개념을 구상하는 데 직접적인 영향을 미쳤다. 앞서 언급했듯이 레비스트로스는 『친족 관계의 기본 구조』를 통해 인류학적 분석에 활용될 수 있는 구조주의라는 새로운 사유 방식을 도입한 사람이다. 레비스트로스는 오이디푸스콤플렉스 이론에 토대를 둔 친부 살해와 근친상간 금지 법칙의 필연성을 통해 순전히 이론적으로만 가정된 사회의 기원에 대해 과학적인 해명을 시도한 사람이다. 레비스트로스는 근친상간의 금지가 문명의 기본적인 구조에 속하며 자연에서 사회로의 이행을 가능하게 해주는 핵심 범주임을 주장하였다.

레비스트로스는 라캉의 세미나에도 자주 참석하였다. 라캉은 특히 상징계와 무의식의 언어적 속성을 개념화할 때 레비스트로스의 이론과 개념을 빌려 오기도 한다. 라캉이 공들여 개념화한 무의식의 주체라는 개념을 보면 상징계가 그 원인으로 작용하면서 주체 상호 간의 관계를 활성화시킨다는 생각이 깔려 있는데, 상징계는 레비스트로스의 친족 관계라는 개념과 많은 유사성이 있다. 친족 관계란 가족 내에서 개

클로드 레비스트로스.

인의 위치를 정해줌으로써 주체를 가능하게 만드는 선행 구조이자, 주체의 삶을 사회관계 속에서 순환시키는 상징적 질서이다. 라캉에게 상징계는 의미에 의해 구성되는 그런 세계가 아니라 주체를 가능하게 만드는 초월적 질서이자 물적 형식의 구조에 의해 만들어지고 유지된다.

 라캉의 또 다른 중요한 친구인 야콥슨은 라캉이 무의식의 작용 법칙으로 제시하는 은유, 환유 개념을 언어학적으로 정식화한 사람이다. 소쉬르가 언어의 최소 단위를 시니피앙과 시니피에의 결합인 기호로 제시하면서 기호 체계에 주목하는 형식적 언어 연구의 중요성을 강조했다면, 음소들의 변별적 관계가 어떤 식으로 결합하고 어떤 법칙에 의해 작동하는지를 규명함으로써 구조주의적 언어 연구를 최종적으로 완성한 사람이 야콥슨이다. 야콥슨은 실어증의 두 가지 유형을 연구하면서 말이 형성되기 위해서는 먼저 언어의 최소 단위가 선택되어야 하고, 다음으로 구문의 형태에 부합되도록 문법 규칙에 따라 선택된 어휘들의 결합이 있어야 한다고 설명한다. 선택과 결합이 언어의 가장 기본적인 두 가지 법칙이 되며 실어중은 두 작용의 장애에 따라 유형이 분류된다는 것이 야콥슨의 주장이다. 라캉은 야콥슨 이론에 영감을 받아 선택의 메커니즘을 은유의 법칙으로, 그리고 결합의 메커니즘을 환유의 법칙으로 설명하면서 무의식은 이 두 가지 논리에 따라 작동한다고 설명한다. 은유와 환유는 언어적 법칙이기도 하지만 주체 구성과 욕망의 논리가 각각 은유와 환유에 상응한다.

한편 야콥슨은 망명지 미국에서 레이몽 드 소쉬르(Raymond de Saussure, 1894~1971)를 비롯한 일단의 정신 분석가들과 교류하면서 언어학과 정신분석이 서로에게 이론적인 보완물이 될 수 있는 가능성에 주목하기도 한다. 그는 1950년 이후 레비스트로스의 소개로 라캉을 알게 된 후 라캉과도 잦은 만남을 지속하였다. 미국 시민권자인 야콥슨이 프랑스를 방문할 때면 릴 거리에 있는 라캉의 사저에 머물면서 라캉의 세미나에 참석하곤 했다. 라캉의 미국 방문을 주선한 사람도 야콥슨이었다. 이러한 만남과 교류가 라캉이 무의식의 구조와 본성을 언어적으로 설명하는 데 많은 영향을 끼쳤던 것이다.

라캉은 1957년 소르본 대학교 학생들 앞에서 강연한 「무의식에 있어 문자의 심급, 혹은 프로이트 이후의 이성」(이하 「문자의 심급」)에서 자신이 야콥슨의 언어학 이론에 많은 빚을 졌음을 직접 인정하기도 했다. 라캉이 소쉬르의 기호론을 수정하여 새로운 시니피앙 논리를 주장하고, 이를 무의식적 주체의 연산식인 $\frac{S}{s}$로 표현했다면 이것은 야콥슨 이론의 차용에 의해 가능할 수 있었다. 이제 주체의 출현은 하나의 시니피앙이 주체를 대리하는 과정인 은유에 의해, 그리고 욕망의 지속은 시니피앙 사슬에서 시니피앙들이 연결되는 환유에 의해 설명된다.

위에서 살펴본 것처럼 철학, 인류학, 언어학 이론의 새로운 성과들을 결합하여 정신분석학의 개념들을 다듬고 이를 통해 프로이트를 재해석하면서 정신분석을 새로운 학문적 위치에 올려놓았던 라캉의 작업에는 당대의 쟁쟁한 지식인들과의 많은 지적인 교류의 성과가 녹아 있다. 하지만 라캉이 여러 사상들을 적당히 조합하거나 맹목적으로 수용한 것은 아니다. 라캉은 다양한 광물들을 녹여서 새로운 합금으로 제련하는 용광로 같은 사람이다. 일단 다른 분야의 이론과 개념이 수용되면 그것은 라캉에 의해 정신분석의 지평에 딱 맞는 전혀 새로운 개념으로 다듬어진다. 오이디푸스콤플렉스 극복 과정을 부성父性 은유로 재공식화하면서 주체가 상징계로 진입하는 과정으로 재해석한 게 전형적인 예라 할 수 있다.

라캉은 여러 사상가들의 이론을 무의식 주체의 지위와 욕망을 설명하는 데 활용하면서 그 본래적 의미를 의도적으로 왜곡시키기도 한다. 라캉에게 다른 사상가들의 이론과 개념들은 정신분석의 발견들을 풍부하게 만드는 도구에 불과하기 때문에 자신이 본래 개념에 충실했는가는 전혀 중요한 문제가 아니다. 그러기에 예컨대 라캉이 언어학 이론에 충실했느냐 아니냐의 지엽적 논쟁은 중요하지 않다고 말할 수 있다. 프로이트에 대한 관계도 마찬가지이다. 그는 자신을 언제나 프로이트의 자유로운 독자로 소개했지 프로이트의 제자나 충실한 주석가로 평가하지 않았다. 독자에게는 작품을 비판할 권리가 얼마든지 있으며, 비판적 지성이 독자의 미덕이기도 하다. 1966년의 『에크리』는 이런 면에서 라캉 자신이 설계하고 만든 라캉의 고유한 작품이다. 부분 부분을 떼어서 보면 여러 이론의 흔적들을 볼 수 있을지 모르지만 그렇게 나누어진 개별 개념은 더 이상 라캉의 사상이 아니기 때문이다. 상상계, 상징계, 실재계가 하나로 묶여서 고리를 이룰 때에만 그 본래적 의미들이 드러나듯이 『에크리』의 개별 개념들은 그 전체 구조 속에서 상호 보완적으로 의미들이 설명된다. 어쨌든 1960년대의 구조주의 사유와 언어학의 풍부한 이론적 혁명이 있었기에 라캉이라는 새로운 사상가가 나올 수 있었던 것은 분명하다.

2부

『에크리』의 구조와 핵심 사상

"문체는 그 사람 자신이다."

— 『에크리』의 여는 글

"나는 존재하지 않는 곳에서 생각하고, 생각하지 않는 곳에서 존재한다."

— 「문자의 심급」

# 1장 『에크리』의 구조와 주요 내용

# 『에크리』의 구조와 구성

 『에크리』는 구성 형식과 구조를 통해서도 라캉 사유의 특이성과 개념들 간 관계를 잘 보여준다. 『에크리』에는 30년 동안 라캉이 발표한 논문 중 총 28개가 전체 일곱 개의 장으로 나뉘어 수록되어 있다. 그리고 부록으로 프로이트의 부정개념에 대해 라캉과 논쟁한 장 이폴리트(Jean Hyppolite, 1907~1968)의 글과 라캉이 1961년 프랑스 철학회에서 발표한「주체의 은유」란 짧은 논평 글이 실려 있다. 그리고 제일 뒷부분에 라캉 『세미나』 시리즈 발간인 밀레가 작성한 '주요 개념들의 체계적 색인'과 『에크리』에 수록된 '도식들의 해설'이 실려 있다. 일곱 개의 장으로 이루어진 본문에는 여러 논문들이 주제별로 분류되어 있는데, 중간 중간 서론 구실을 하는 짧은 글들을 끼워 넣은 것이 또 다른 특징이다. 비유적으로 설명하자면 『에크리』라는 커다란 건축물은 대문에 해당하는 다섯 개의 서론들을 중심으로 총 다섯 개의 소건물들이 한 덩어리로 모여 있는 것이다.

『에크리』의 제일 첫 번째 논문은 「〈도둑맞은 편지〉에 대한 세미나」인데, 이 글에서 라캉은 상징계가 주체에 대해 행사하는 힘을 에드거 앨런 포(Edgar Allan Poe, 1809~1849) 우화를 빌어 은유적으로 설명한다. 이 논문은 1955년에 구두로 발표하고, 1956년에 다시 썼는데 라캉은 『에크리』의 편집자에게 「〈도둑맞은 편지〉에 대한 세미나」를 제일 처음 위치에 넣을 것을 주장하여 관철시켰다. 그리고 이 논문 후반부에 이 글의 위치와 텍스트의 의미를 부연 설명하는 '서문'과 논문의 논리적 구조 설명인 '삽입구들의 삽입구'가 부록처럼 딸려 있다.

「〈도둑맞은 편지〉에 대한 세미나」를 처음 위치에 놓은 것은 문자, 즉 시니피앙이 인간을 결정하는 첫 번째 원인이자 시작임을 강조하기 위해서이다. 모든 것은 문자와 더불어 시작된다. 그리고 문자는 도둑맞은 편지처럼 끊임없이 순환하면서 그때그때 새로운 사건들과 의미를 발생시킨다. 인간은 자신이 상징계의 주인이라고 착각하지만 정작 상징계의 구성 요소인 시니피앙에 의해 자신의 역할과 위치를 일방적으로 부여받는다. 라캉은 편지에 대한 시선과 소유 여부에 따라 주체의 위상이 달라지듯이 상징계가 인간의 운명과 역할을 결정하는 결정적 요소라는 것을 포의 추리소설을 통해 시적으로 설명한다. 문학에 대한 훌륭한 은유이기도 한 편지(Lettre)가 동시에 문자라는 뜻도 갖고 있음을 상기시키면서, 라캉은 『에크리』와 편지의 기표적 유사성을 암시하기도 한다. 편지는 반드시 수신인에게 도달되지만 누구도 그것의 주인이 될 수 없고, 단지 이 손에서 저 손으로 돌면서 주체들을 반복의 구조 속에 편입시킨다.

주체들이 맺는 상호 관계의 구조와 소통을 묘사하는 L도식은 동시에 주체의 내적 구조의 공식이기도 하다. L도식이 의미하는 것은 언어가 상상계의 작용을 거칠 수밖에 없기 때문에 본래 의도가 왜곡되면서 말하는 주체에게서 무의식의 효과를 발생시킨다는 것이다. 이 무의식의 주체가 라캉이 탐구하는 핵심 주제로 나중에 라캉은 언어 작용의 결과인 주체 분열의 논리를 통해 무의식 주체의 위상을 설명한다. 주체는 시니피앙에 의해 대리됨으로써 담론 속에 출현하면서 동시에 사라진다. 이것이 주체와 상징계의 모순적 관계로 『에크리』 본문의 제일 마지막 논문인 「과학과 진리」는 이 관계에 대해 설명하고 있다. 상징계가 주체를 발생시키면서 동시에 사라지게 만든다면 이 주체의 위상에 대해 진지하게 생각해야 하는데 정신분석은 철학과 달리 사라지는 주체, 즉 무의식의 주체를 규명하는 과학이다. 「과학과 진리」에서는 데카르트가 말하는 코기토가 다름 아닌 과학의 주체로 과학은 주체의 분열을 완전하게 봉합할 수 없다는 것이 강조된다. 반면에 정신분석이 강조하는 진리는 분열되고 소실된 무의식적 주체의 진정한 자리를 그대로 드러내는 것을 목표로 삼는다. 그 진리는 분열을 봉합하는 것이 아니라 오히려 전면화하며, 주체 내부에 결여가 있다는 것을 보여주는 불안한 진리이다.

이렇듯 『에크리』의 처음과 마지막 논문은 라캉 사유의 전체 방향과 목표를 이정표처럼 보여주도록 배치되어 있다. 문자가 모든 역사의 출발점이라면 그 종착점이자 분석의 목표는 분열적 효과 속에서 끊임없이 말을 걸어오는 진리이다. 『에크리』의 여타 논문들도 상징계와 주체의 관계에서 발생하는 문제들을 세부 개념을 통해 다루면서 동시에 각 논문이 서로의 의미를 보완하는 효과가 발생하게끔 라캉 특유의 논리적 시간개념, 즉 사후 개념에 따라 배열되어 있다. 다시 말해 단순히 출판 순서에 따라 논문들을 배치한 게 아니라 상징계→상상계→주체와 욕망→임상→정신분석과 진리라는 주제에 맞춰 각 논문들을 배열하고 있다. 그리고 뒤의 주제가 앞선 주제의 의미를 드러내고 보충하면서 주체의 시간은 끝이 처음이 되고 처음이 다시 끝이 되는 순환임을 암시한다.

이러한 구성은 『에크리』 뒷부분에 삽입된 밀레의 '주요 개념들의 체계적 색인'을 들여다보면 보다 분명해진다.

라캉의 동의를 거쳐 수록된 밀레의 색인은 통상의 알파벳 순서가 아니라 다섯 개의 큰 주제들을 중심으로 세부 개념들을 그 밑에 촘촘하게 분류해놓은 것이 특징이다. 다섯 개의 큰 주제는 I장 상징계, II장 자아, 주체, III장 욕망과 그 해석, IV장 임상, V장 인식론과 이데올로기 이론으로 되어 있다. 이 주제들은 주체가 구성되는 논리적 순서이자, 주체와 상징계의 관계에서 탐구되는 정신분석의 세부 개념들의 목록을 보여주는 체계적인 범주표가 된다. 색인의 개념 분류는 『에크리』에 내용적 통일성을 부여하면서, 개념들의 상호 연관성과 작용의 효과를 극대화해서 보여준다. 이러한 독특한 색인은 『에크리』가 단순한 텍스트 모음집이 아닌 욕망에 관한 상징적 담론임을 보여주는 개념들의 지형도라 할 수 있다. 짧게 색인의 내용을 살펴보자.

'상징계'란 큰 범주를 제목으로 가진 I장은 다시 A. '시니피앙의 우월성', B. '시니피앙의 행렬', C. '시니피앙 연쇄'라는 세 개의 중간 주제로 나뉘어 있으며, 세 개의 중간 주제 밑으로 하위 개념들이 배열되어 있다. 주체와 독자가 통과해야 할 첫 번째 관문은 언제나 시니피앙과 상징계이다. 상징계는 시니피앙에 의해 구성되는데 그것은 주체에 대해 원인이자 구조로서 우월한 지위를 누린다. 이것이 A.의 색인을 통해 설명되고 있다. 그리고 시니피앙은 단수가 아니라 연쇄 형태(C.)로 존재하는데, 연쇄를 이루는 시니피앙의 행렬(B.)이 효과로서 주체를 발생시킨다. 주체를 발생시키는 시니피앙의 작용은 '거울단계' '나르시시즘' '오이디푸스' 같은 개념을 통해 살펴볼 수 있다.

이처럼 각 장의 개념들은 대주제-중간 주제-소주제의 수직적 구조로 배열되어 전체 주제를 통일적으로 드러내면서도 대주제의 외연이라 할 수 있는 세부 개념들을 수평적으로 드러내도록 배열되어 있다. 모든 색인이 이러한 구조로 짜여 있다.

'자아, 주체'란 제목의 II장은 주체가 상상계의 자아를 매개로 존재성을 획득하는 과정을 설명한다. 상징계가 보다 근본적이지만, 주체는 먼저 거울에 비친 외화된 신체 이미지에 대한 상상적 동일시를 통해 자아라는 최초 실체를 획득한다. 자아 없는 주체는 불가능하다. 그렇기 때문에 A.는 자아가 구성되는 '거울단계'에 관련된 색인이며, B.는 거울단계의 파생물인 '자아의 기능'에 관계된 개념들을 지시한다.

그러나 자아는 주체의 진정한 본질이 아니며 오히려 주체를 속이는 기만적 환영이다. 상상적 동일시는 상징적 동일시에 의해 실존적 의미가 부여되면서, C. '주체의 구조'를 분열과 사라짐의 형태로 규정한다. 주체의 구조는 시니피앙의 연쇄 속에서 사라지는 진정한 주체와 대상화된 이미지의 형태로 상징계에 자리를 잡는 자아를 동시에 고려할 때에만 이해되는데, 이것이 C. 3. '주체의 위상학'의 본래 의미이다. D. '주체 상호 간 소통'에서는 상징계는 주체의 개인적 세계가 아니라 복수의 주체들을 상이한 역할 속에서 배치하는 상호 주체성의 구조라는 사실이 암시된다. 상호 주체성을 가능하게 하는 것은 대타자라는 개념이다. 자아와 주체의 구성에 결정적 역할을 하는 것이 상징계를 대표하는 대타자인데, 대타자의 의미를 제대로 아는 것이 정신분석의 이론과 실천에서 아주 중요하다. D. 3. '대타자'는 대타자와 연관된 개념과 "무의식은 대타자의 담론이다." 같은 라캉의 언술을 색인으로 제시하고 있다.

Ⅲ장에서는 상징계에 의해 분열된 주체가 겪을 수밖에 없는 운명인 욕망에 관계된 개념 목록이 소개된다. '욕망과 그 해석'이 Ⅲ장 전체의 제목이다. 라캉에게 욕망의 주체와 무의식의 주체는 동의어이다. A. '무의식의 형성물', B. '분석적 경험', C. '남근'이 중간 주제로 배치되어 있는데 이 모든 것은 욕망에 대한 부연 설명이다. A. '무의식의 형성물'이라는 것은 언어가 계속해서 욕망을 어긋나게 하기 때문에 발생하는 증상과 언어적 작용을 말한다. 무의식의 작용은 무의식

의 수사학인 '은유' '환유'를 통해 진행되는 욕망으로 설명된다. 그리고 이러한 욕망을 대상으로 삼는 학문이 바로 정신분석학이고 그것의 실천이 임상이다. 임상을 위해서는 여러 가지 테크닉과 실천 방법이 필요한데 그것의 목록이 B. '분석적 경험'이라는 주제 밑에 배열되어 있다. '자유 연상' '텅 빈 말' '저항' '전이' '구두점 찍기' '해석' '분석가 양성' 등의 세부 개념이 그것이다. 더불어 분석의 '최종 목표'와 '죽음'과의 관계가 암시된다. 정신분석의 담론과 기술은 욕망을 보여주는 것을 목표로 하는데, 욕망이 향하는 대상이 바로 C. '남근'이다. 남근이란 섹슈얼리티를 지시하는 중심 시니피앙으로 오이디푸스콤플렉스 과정에서 아이의 욕망을 끌어당기는 견인차 역할을 한다. 남근은 상상계가 아니라 상징계에 위치하고 있으며 아버지는 남근의 소유자로 등장한다. 욕망은 대타자의 소유로 가정된 남근을 향하기에 구조적으로 대타자의 욕망에 종속되게 된다. C.에서는 라캉이 자주 반복하는 "무의식은 대타자의 욕망이다."라는 문장이 『에크리』 어디에 위치하고 있는지 소개되어 있다.

IV장의 전체 제목은 '임상'이다. 프로이트 이론은 임상을 중심으로 전개되지만, 라캉에게 임상은 정신분석의 최종 목표가 아니다. 임상이란 욕망하는 주체가 거쳐 가야 하는 하나의 무대일 뿐이다. 이미 프로이트 자신이 완벽한 분석의 종결에 대해 회의를 품었으며, 라캉이 비록 분석의 종결을 말하지만 그것은 치료와 증상의 제거를 의미하는 것이 아니다. 분석은 치료나 행복을 목표로 삼는 게 아니라 욕망의 진실에 눈을 뜨고 자신의 결여를 적극적으로 떠안는 윤리적 태도와 관계되기에 언제나 진행형일 수밖에 없다. 임상은 주체의 구조와 욕망의 실체를 구체적 사례들을 통해 보여준다는 데 의의가 있다.

Ⅳ장 '임상'의 세부 내용을 보면 A.에서는 프로이트의 고전 임상 사례들의 색인이 열거되어 있다. 도라, 쥐인간, 늑대인간, 슈레버 판사, 꼬마 한스 등 5대 임상 사례와 이르마의 꿈, 망각에 관한 사례인 화가 시뇨렐리, 정육점 여주인의 꿈에 대해 라캉이 『에크리』에서 언급한 횟수와 텍스트의 위치를 볼 수 있다. B.는 '정신 의료 임상'으로 라캉이 정식화한 '신경증' '도착' '정신병'의 세 범주가 나열되어 있다. 라캉은 남근과 거세에 대한 주체의 태도와 상징계, 상상계, 실재계의 작용을 근거로 세 임상 구조를 구분한다. 세 임상 구조는 동시에 인간 정신의 가장 근본적인 세 구조에 상응한다. 세 분류는 정신적 장애와 현상에 따른 분류가 아니라 모든 말하는 주체가 겪게 되는 세 가지 구조적 양상이며, 혼재되어 나타나기도 한다.

마지막 Ⅴ장의 주제는 과학으로 정신분석학의 지위와 담

론의 특수성을 다루는 '인식론'과 '이데올로기 이론'으로 나뉜다. A. '인식론'에서는 정신분석과 일반 과학은 진리에 대한 태도에 따라 구분된다는 것이 암시된다. 라캉은 정신분석이 종교적 담론보다는 과학적 담론에 더 가깝다는 프로이트의 주장을 따른다. 그러나 전체화된 지식 체계를 만들면서 상징계와의 관계 속에서만 존재하는 인간 실존의 특수성을 무시하는 실증주의적 과학은 거부한다. 라캉에 의하면 지식의 정합성과 객관적 검증만을 강조하는 실증적인 자연과학은 오히려 망상에 가까우며, 말하는 주체의 진리를 보존하는 정신분석이야말로 합리성을 강조하는 과학적 정신에 훨씬 충실한 것이다. B. '이데올로기 이론'에서는 자유, 인권, 행복 등에 관한 라캉의 언급이 있다. 물론 주체 중심 철학에서 중시되는 이러한 범주들에 대한 라캉의 태도는 비판적이다. 상징계에 종속된 인간에게 진정한 자유란 없다는 것이 라캉의 설명이다.

이처럼 밀레가 작성한 색인도 라캉의 의도에 부합되도록 상징계에서 시작하여 진리에서 종결된다. 통상 색인의 기능은 본문에서 언급된 개념들을 텍스트의 어느 곳에서 찾을 수 있는지를 단순히 제시하는 데 있다. 하지만 '체계적 색인'이라는 말에서 보듯이 밀레는 오히려 라캉 개념들이 어떤 구조로 『에크리』라는 하나의 통일된 이론적 건축물을 구성하는지 색인의 배치를 통해 보여준다.

독자들은 밀레가 제공한 개념 지형도인 색인의 도움을 받으면서 좀 더 효과적으로 『에크리』라는 복잡한 건물의 구석구석을 들여다볼 수 있을 것이다. 그리고 색인 뒤에 있는 도식과 그래프의 위치에 대한 안내와 목록 도표들도 『에크리』 탐험에 아주 유용하다. 라캉은 자신의 개념과 이론을 각종 도식, 도형과 그래프를 사용해서 설명하곤 했는데 상상계의 개입에 의해 발생할 수 있는 담론의 왜곡을 피하기 위해서이다. 말년에는 특히 보로메오 매듭과 각종 위상학적 도형을 많이 활용한다. 라캉은 주체의 경험을 강조하면서도 수학과 합리주의적 방식으로 경험을 설명하려고 애썼다. 라캉은 무의식을 탐구하는 학문인 정신분석이 진정한 과학이 되기를 원했기 때문이다.

# 『에크리』의 주요 내용

이제 『에크리』에 실린 주요 논문 내용을 개략적으로 살펴보자. 『에크리』의 목차를 열어보면 총 일곱 개의 장으로 논문들이 나뉘어 수록되어 있는데 앞서 이야기했듯이 다섯 개의 소서문은 일곱 개의 장에 일치하는 것이 아니라 논문 중간 중간에 끼여 있다. 목차를 중심으로 살펴보자.

I장은 '여는 글'과 「〈도둑맞은 편지〉에 대한 세미나」라는 단 한 편의 논문으로 되어 있다. 라캉은 '여는 글'과 「〈도둑맞은 편지〉에 대한 세미나」에 딸린 부록을 통해 이 글의 중요성을 강조한다. 상징계가 주체의 원인이자 모든 것의 출발점이기 때문이다. 라캉은 편지의 순환을 중심으로 전개되는 「도둑맞은 편지」의 이야기를 해설하면서 주체에 대한 상징

계의 절대적 영향력과 힘을 강조한다. 사건을 가능하게 만들고 역사의 의미를 부여하는 것은 주체가 아니라 편지, 즉 시니피앙이라는 것이 이 글의 요지이다.

II장의 전체 주제는 상상계인데 경험 세계에서 투영된 이미지와 의식을 매개로 구성되는 영역이 바로 상상계이다. 주체가 의식하는 세계와 그것과 마주하고 있는 자아가 허구적인 상상계의 작용에 의해 구성된다는 생각은 프로이트주의에 대한 새로운 혁신을 가져온 출발점이 된다.

라캉은 1936년 '거울단계'에 대해 발표하면서 자신이 비로소 정신분석 세계에 첫발을 들여놓았다고 두 번째 서문격인 '나의 전력에 대하여'에서 고백한다. '거울단계'는 자아 형성이 이미지의 매개에 의한 소외와 오인의 구조에서 발생할 수밖에 없다는 것을 보여주기 위해 라캉이 심리학에서 차용해서 발전시킨 용어이다. 1950년 이전까지 라캉은 주로 상상계의 본질과 이미지의 역할에 대한 탐구에 몰두한다. 1949년에 새롭게 고쳐 쓴 「정신분석 경험에서 나타나는 '나'라는 기능의 형성자로서 거울단계」(이하 「거울단계」)라는 논문에는 상상계에 대한 라캉의 생각이 잘 드러나 있다. 이 글에서 라캉은 정신분석이 데카르트의 코기토, 즉 사유하는 주체를 뿌리로 삼는 모든 철학에 반대한다는 점을 선언문처럼 공표하면서 철학적 주체를 공격한다. 자아나 의식은 거울 속에 비친 평면 이미지에 스스로를 투영하고 동일시함으로써 생성된 주체의 거짓 외관에 불과하기 때문이다. 결국 진정한 본질이 아닌 이미지에 대한 동일시는 주체의 구조를 타자의 욕망에 예속시키는데 이것은 주체가 겪을 수밖에 없는 피할 수 없는 운명이다. 그리고 거울단계에서 아이는 실제 미숙한 몸과 거울이 보여주는 완벽한 이미지의 괴리감을 겪게 되고, 원초적 자가 성애가 조각난 몸의 환상처럼 주체를 엄습한다는 것이 강조된다. 이러한 부조화와 소외가 공격성의 원인으로 작용하는 양상이 「정신분석에 있어 공격성」이란 논문에 상세히 분석되어 있다.

상상계는 속이는 질서이지만 주체의 대리자인 자아가 형성되는 단계로 우리는 상상계의 매개 없이 절대로 현실을 인식할 수 없다. 최초 경험인 '거울단계'란 말은 오해를 불러일으키기 쉬운데, 단계라는 용어가 시간적으로 앞서는 발달의 한 과정이라는 말은 전혀 아니다. 그것은 오히려 사유와 대상 관계에서 원형으로서 작동한다는 의미에서 최초이며, 이것을 우리는 라캉이 말하는 논리적 시간개념을 적용할 때 제대로 이해할 수 있다.

Ⅲ장 「논리적 시간과 예측된 확실성의 단언」에서 라캉은 세 죄수의 딜레마를 통해 주체에 고유한 논리적 시간개념을 설명하고 있다. 논리적 시간이란 일련의 연속적인 시간상의

흐름에 따라 사건이 분절되는 게 아니라 주체 상호 간의 관계가 시간적 흐름을 거슬러 최초 사건에 의미를 부여한다는 뜻으로 프로이트가 개념화한 '사후 작용'과 통하는 개념이다. 라캉은 무의식에 고유한 논리적 시간개념을 설명하기 위해 '세 명의 죄수' 우화를 이용한다.

어느 날 간수가 세 명의 죄수를 부르고 그들 등 뒤에 각각 원반을 하나씩 붙인 다음 제일 먼저 색깔을 알아맞히는 사람을 내보내준다고 약속한다. 죄수들은 흰색 원반 세 개와 검은색 원반 두 개를 합쳐 원반이 모두 다섯 개임을 알고 있다. 간수는 세 명의 죄수 모두에게 흰 원반을 붙여주었는데, 일정한 시간이 흐른 다음 세 사람이 동시에 색깔을 맞힌다.

추론의 과정은 이렇다. 지금 죄수 A(B나 C도 똑같은 과정을 거친다)는 나머지 두 죄수가 각각 흰 원반을 붙인 것을 보지만 자신의 등에 붙은 원반은 볼 수 없다. A가 자신의 색깔을 맞히기 위해서는 차례로 상대방 B와 C의 입장이 되어 두 가지 가능성을 추론한 다음 다시 자신에게로 돌아와야 한다. 먼저 A는 자신이 검은 원반이라고 전제하고 추론한다. "지금 B는 C의 흰 원반과 나 A의 검은 원반을 본다." 이제 A는 B의 입장이 된다. "A가 검은 원반이고 나 B도 검은 원반이라면 C는 흰 원반이 확실하기 때문에 즉시 나가야 된다. 그런데 C가 안 나가는 것을 보면 내가 흰 원반임에 틀림없다." B가 이렇게 추론했다면 B도 나가야 한다. 그런데 B도 나가지 않는다. 그러므로 A는 이제 최종 결론을 내린다. "둘 다 나가지 않는 것을 보면 내가 흰 원반을 가졌다고 추론할 수밖에 없다."

이 우화에서 A는 다른 두 죄수가 행동을 하지 못하고 머뭇거리는 것을 보면서 자신의 색깔을 알게 된다. 이 우화를 통해 주체는 반드시 타자와의 관계를 매개로 예측된 확실성의 단정에 도달할 수 있다는 것을 라캉은 강조한다. 그리고 확실성을 획득하기 위해서는 그보다 먼저 '이해의 순간'과 '결론의 순간'을 거쳐야 한다. 시간적으로 뒤늦은 이 두 순간의 분절이 거꾸로 죄수의 최초 응시에 확신을 주는 것이다. 물리적 시간으로 보면 '응시의 순간'→'이해의 순간'→'결론의 순간' 순으로 사건이 진행되었지만, 사건의 의미는 '결론의 순간'→'이해의 순간'→'응시의 순간'으로 거꾸로 부여된다. 뒤의 사건이 앞의 사건의 확실성을 부여하는 것이다. 그리고 주체의 응시는 다른 주체들과의 응시의 교환을 가능하게 만드는 상호 주체성의 구조에 의해 비로소 확실해진다. 이를 토대로 라캉은 인간이 자신의 독자적인 판단에 근거한 고유한 자유를 가지고 있다는 생각을 반박하며 주체 상호성의 관계가 모든 인간 행동의 필연적 조건임을 역설한다.

Ⅲ장 두 번째 논문인 「전이에 대한 개입」에서 라캉은 분석가는 절대 중립적인 위치가 아니라 복잡한 상호 변증법적 진

실 게임에 휩쓸릴 수밖에 없음을 프로이트의 '도라 사례' 분석을 통해 보여준다. 프로이트가 도라의 동성애적 성향을 뒤늦게 발견한 것은 프로이트가 자신을 도라의 애정 상대로 가정한 K씨에 동일시했기 때문이라는 게 라캉의 진단이다. 여기에서 분석가가 피분석가에게 가지는 '역전이' 개념의 중요성과 영향이 문제시된다. 분석가는 초월적이고 중립적인 존재가 아니라 상호 주체적 욕망의 구조에 종속된 존재이다. 상징계의 작용에 의해 형성되는 상호 주체성의 구조가 이렇게 뒤틀릴 수밖에 없는 것은 상상계의 개입 때문이다.

IV장에는 '마침내 문제가 된 주체'라는 서문과, 로마 담론이란 별칭으로 더 잘 알려진 「정신분석에서 말과 언어의 기능과 장」이라는 유명한 논문이 들어 있다. 대폭 수정되고 보완되어 『에크리』에 재수록된 로마 담론은 1953년 당시 SPP에서 분리되어 나온 SFP가 창립 선언문처럼 받아들인 글이다. 이 글에서 '무의식의 주체'라는 개념이 처음으로 소개된다. 라캉은 로마 담론을 통해 말, 주체, 언어가 정신분석의 가장 핵심 범주임을 천명한다. 그리고 「〈도둑맞은 편지〉에 대한 세미나」에서 천명한 시니피앙의 우월성이 다시 강조되는데 '태초에 말이 있었기 때문'이다.

IV장 마지막에는 「문자의 심급」이라는 또 하나의 중요한 논문이 있다. 이 논문에서 라캉은 정신분석의 경험은 무의식 속에서 작용하는 언어의 구조를 발견하는 것이라고 말한다. 언어의 구조는 라캉이 새롭게 변형한 소쉬르의 연산식 $\frac{S}{s}$에 의해 설명되는데 연산식은 순수 차이인 시니피앙의 질서가 주체와 의미화를 낳는다는 뜻이다. 시니피앙은 연쇄적 결합 속에서 사슬의 형태로만 존재하는데 시니피앙의 작용은 무의식의 법칙인 은유와 환유에 따라 이루어진다고 라캉은 설명한다. 이제 논문 제목이 암시하듯이 문자, 즉 시니피앙은 이성을 대신하는 새로운 로고스의 지위를 부여받는다. 전통적으로 로고스는 존재의 이유와 본질을 가능하게 만드는 최종적 근거와 법칙을 의미하였으나 그것은 사물 자체에 속한다기보다는 사물의 법칙을 인식하는 이성에게 귀속되었다. 하지만 라캉에 의하면 프로이트가 무의식을 발견한 이래 이제 이성보다 무의식이 더 본질적인 것이 되었고 무의식을 규정하는 시니피앙이 이성을 대신하여 새로운 시대의 로고스가 된다.

그렇다면 새롭게 이성을 대신하게 된 시니피앙(편지, 문자)은 모든 과정의 끝이고 주체의 의지적 차원은 완전히 제거되는가? 라캉은 여기에서 다시 욕망의 역설적 본성을 들추어낸다. 욕망은 대타자로부터 오는 인정을 욕망하기에 필연적으로 욕망은 대타자의 법에 종속된다. 그러나 한편으로 욕망은 대타자의 결여에 직면해 그것을 넘어보려는 몸부림이기도 하다. 상징계는 주체를 도래하게 만들고 지배하지만 주체의 욕망에 완전한 답을 주지 못한다. 그렇기 때문에 욕망이 지속되는 진정한 이유를 이해하기 위해서는 상징계의 또 하나의 얼굴인 죽음에 대해 생각할 필요가 있다. 죽음은 무의식 속에서 작용하는 상실의 기억을 통해 주체에게 체험된다. 주체는 상징계를 통해 존재성을 획득하면서도 동시에 잃어버리기 때문에 그것이 욕망의 형태로 지속되는 것이다. 이때 욕망은 상징계의 작용이기도 하지만 결여된 존재에 대한 주체의 갈망이기도 한 것이다. 라캉은 IV장에 또 하나의 서문인 '의도에 대하여'를 넣음으로써 이러한 문제의식을 강조한다. 여기에서도 장을 나누지 않고 굳이 같은 장에 일종의 소제목 구실을 하는 서문을 또 하나 끼워 넣은 라캉의 숨은 의도를 헤아려보아야 한다. 라캉은 IV장에서 주체를 규정하는 상징계의 우월성과 시니피앙 논리를 강조하면서도 동시에 욕망을 주체의 고유한 결여와 연관 지어 생각하게 하려는 복선을 암시[9]한다고도 할 수 있다. 결여는 상징계에서 배제되는 주체의 진정한 자리에 대한 물음에 걸린다.

「프로이트의 《부정》에 대한 장 이폴리트의 논평에 대한 답변」을 통해 라캉은 정신분석은 상징계의 우월성에 입각해서 주체의 경험을 다루면서 상상계에 속한 자아가 아닌 '진짜 주체'를 드러내야 한다고 말한다. 상징계의 우월성이 다시 강조된다. 그러면서도 라캉은 정신병의 사례를 통해 상징화에 저항하는 실재를 고려해야 함을 동시에 강조한다. 실재계는 상징계가 좌초하는 곳으로 어떠한 지식으로도 설명이 불가능하다. 주체가 결여 형태로 체험하는 상징계의 구멍들은 실재계의 역설적 존재를 보여준다. 여기에서 욕망은 또 하나의 장애물이자 탈출구인 실재를 만난다.

실재와 더불어 욕망은 이제 죽음, 즉 대상과 관련된 불가능성의 문제와 조우한다. 그런데 죽음은 정신분석이 강조하는 진리와 통한다. 1956년에 발표되었으며 라캉에 의해 여러 번 수정된 「프로이트적인 것」에서 라캉은 진리의 문제를 제기한다. 우리가 진리에 대해 말하는 게 아니라 진리가 스스로에 대해 말을 한다. 라캉에 의하면 프로이트의 가르침은 다른 무엇이 아니라 진리의 목소리에 무조건 귀 기울이는 것임을 역설한 것이다. 이제 그곳에 도달하는 것은 무조건적인 윤리가 된다. 주체가 도달해야 할 그곳은 욕망의 진실이 드러나는 곳이다. 그곳은 또한 자신을 감추면서 무의 효과로서 상징계로 되돌아오는 실재의 영역이기도 하다.

1957년 2월 프랑스 철학회에 특별 강사로 초청되어 「정신분석과 그 가르침」이란 제목으로 발표한 논문에서 라캉은 진리, 주체, 실재의 문제를 하나의 주제로 통합하려는 모습을 보인다. 무의식의 주체를 탐구하는 정신분석에 과학의 지위를 부여하려는 라캉의 시도가 그것이다. 라캉은 이를 위해 세 가지 차원에서 상징계를 찾을 것을 주문한다. 언어에 종속되는 개인적 체험의 역사, 진리가 실재 속으로 들어가는 상호주관성의 놀이, 진리의 장소로서 대타자가 그것이다. 정신분석이 과학일 수 있는 것은 언어와의 관계에서 분열되는 주체를 주체 자신의 말을 통해 다시금 전면화하고 문제시하는 학문이기 때문이다. 이 주체가 과학의 주체이고 과학은 전통적으로 진리와 합리성의 정신에 철저하려고 했다. 그러면서도 라캉은 과학의 한계를 인정한다. 진리는 현실에서 결코 완전하게 획득될 수 없는 것이며 지식에서도 벗어나는 것이다. 새로운 과학인 정신분석만이 새로운 진리의 전달자가 될 수 있는데 그것은 언술 행위 속에서만 순간적으로 나타났다가 사라지는 '주체 속의 주체'를 보게 만들기 때문이다. 그 주체는 상징계보다는 언제나 같은 자리에서 상징계에 틈을 벌리는 실재에 더 가깝다.

V장 이하에서는 상징계와 욕망의 관계가 조화가 아닌 긴장이며, 욕망은 이제 실재에 대한 갈망이 될 수밖에 없음이 보다 분명해진다. V, VI, VII장은 1958년에서 1966년까지 작성된 성숙기 라캉의 논문들이 수록되어 있다. 이제 상징계보다는 욕망의 최종 종착지인 죽음, 즉 상징계적 질서 너머로 가보려는 주이상스, 충동과 환상 대상 a, 실재 개념 등에 방

점이 찍힌다. 특별히 시니피앙의 논리 속에서 남근이라는 개념의 중요성이 강조되는데 남근(Phallus)은 프로이트가 자주 혼용했던 실제 남성 성기인 페니스와 근본적으로 구별[10]된다. 라캉이 초월적 질서인 시니피앙을 통해 욕망을 설명하는 합리주의적 태도를 유지하면서 동시에 그 한계를 넘어서고자 하는 모습을 보이는 곳이 바로 이 지점이다. 남근이란 시니피앙과의 관계에서 주체가 위치하는 결여의 자리를 지시하는 기능을 하며, 어떤 대상에 의해서도 대리되지 않는 특권적 시니피앙이다. 라캉은 남근을 '기표 중의 기표', '중심 기표'라고 부른다. 그러나 남근에서는 시니피앙의 작용 못지않게 결여의 의미가 중요한데 그것이 욕망의 지속을 가능하게 만들기 때문이다. 남근은 욕망의 대상은 상징계 속의 순수 결여라는 것을 숙명처럼 주체에게 각인시키는 거세의 기표이다. 남근은 자신의 현존을 통해서 상실 그 자체를 육화된 존재로 만드는 결여에 대한 기표이다. 그 결여는 상징계보다는 주체에 속한다고 할 수 있다. 『에크리』에서는 이처럼 한편으로는 상징계의 우월성이 강조되면서도, 또 한편으로는 그것을 넘어서고자 하는 주체의 고유한 차원이 암시되기도 한다. 그렇기 때문에 라캉을 전형적인 구조주의자처럼 평가하는 것이 위험하다는 것이다.

V장 마지막 논문인 「여성의 성에 대한 학술회의를 위한

지침서」(이하 「여성의 성」)와 그 앞 논문인 「어니스트 존스를 기념하여: 그의 상징주의 이론에 대하여」(이하 「어니스트 존스를 기념하여」) 사이에는 '사후적 음절표'[11]란 제목의 마지막 서문이 삽입되어 있다. 이것은 상징계와 욕망의 관계를 한번 숨을 돌리고 또 다른 관점에서 살펴볼 것을 주문하는 권고라 할 수 있다.

「어니스트 존스를 기념하여」라는 논문에서 라캉은 시니피앙이 주체에게 낳는 결여의 효과를 강조하면서 존스의 상징주의 이론을 비판한다. 정신분석을 다양한 학문 분야에 접목시켜 활용하는 것에 관심이 많았던 존스는 의미의 차원을 중시했기 때문이다. 라캉은 히스테리 환자 안나 오Anna O.가 환각 속에서 본 뱀이 리비도의 상징도 아니고, 존스 말처럼 페니스의 상징도 아니라 결여의 자리를 지시하는 시니피앙이라고 말한다. 욕망이 자리 잡는 곳이 바로 이곳이다. 욕망은 상징계의 대타자가 남근을 소유하고 있다고 믿으면서 남근을 향한다. 남근에 대한 라캉의 설명을 정확히 이해할 때에만 라캉이 프로이트의 마지막 이론인 죽음 충동을 유달리 중시하며, 그것을 성의 본성에 연관시키는 이유를 알 수 있다. 남근은 구체적인 어떤 것이 아니라 근본적인 결여를 지시하는 순수 형식으로서 작동한다. 이런 문제의식 아래서 쓴 글이 V장에 수록된 「남근의 의미」로 라캉 욕망 이론의 핵심을 잘 보여준다.

　남근은 오이디푸스콤플렉스를 겪는 시기의 아이가 어머니의 욕망의 대상으로 설정하는 것이다. 아이와 어머니의 욕망은 남근을 중심으로 순환되지만 아이는 남근이 될 수 없는데 그것은 상상계에 속한 것이 아니기 때문이다. 아버지의 등장은 남근이 상징계의 질서에 속한다는 것을 아이로 하여금 깨닫게 하면서 어머니에 대한 상상적 의존에서 벗어나서 주체가 되는 것을 가능하게 해준다. 이때부터 상징계의 법으로 강요되는 '아버지의 이름'은 주체에게 남근의 의미와 내용으로 수용된다. 자크 데리다(Jacques Derrida, 1930~2004)가 라캉 사상을 남근을 중심으로 한 새로운 로고스 중심주의라고 비판한 것처럼「남근의 의미」에는 특권적 시니피앙인 남근과 욕망의 관계를 묘사한 유명한 구절들이 들어 있다. "시니피앙들의 시니피앙" "특권적 기표인 남근은 욕망의 출현에서 발견되는 로고스의 표식이다." 같은 경구들이 그것이다. 남근이야말로 결여로서 욕망을 강조하는 라캉의 로고스이자 원리라 할 수 있다. 라캉은 프로이트의 역동적이고 생물학적인 리비도 모델을 거부하면서도 성관계에서 기표로서 남근이 수행하는 특별한 역할에 주목하면서 이 개념에 특권적 지위를 부여한다.

　프로이트가 강조한 리비도의 남성적 입장은 라캉에 의해

아버지의 기능을 남근을 중심으로 절대화하는 방식으로 계승된다. 아버지는 상징계의 대표자이고 주체가 동일시하는 대타자가 되는데 남근의 소유자로 간주되기 때문이다. 이러한 입장은 성차를 설명할 때 남성적 입장을 전형으로 간주하는 프로이트의 태도와 같다고 할 수 있지만, 라캉은 그러면서도 시니피앙의 논리에 의거 프로이트와는 다른 방식으로 여성성을 설명한다.

주체와 성차 그리고 여성성에 대한 문제의식이 드러나 있는 글이 1960년 암스테르담에서 개최된 국제정신분석학술회에서 발표한 「여성의 성」이다. 라캉은 상징계의 거세를 수용하는 주체의 위치를 남성성으로 규정한 후 여성은 주이상스와 관련된 '절대적 대타자'의 자리를 차지한다고 말한다. 이때 여성성은 해부학적인 것과 관련이 없으며 남녀 모두에게 여성성으로 인식되는 성적 위치이다. 여성이란 남녀 모두에게 향유의 대상이다. 그러므로 여성성은 결국 미지의 영역, 신비의 영역이 되는데 거세에 의해 편성되는 상징계의 질서를 벗어나기에 상징화도 불가능하다. 성적 비대칭성은 나중에 "성관계는 없다."라는 유명한 명제로 라캉에 의해 정식화된다. 결국 여성성의 문제는 상징계를 넘어서고자 하는 주이상스의 문제와 연결된다. 주이상스는 VI장에 실려 있는 1962년의 논문 「칸트와 사드」에서 본격적으로 다뤄진다.

V장의「정신병의 가능한 모든 치료에 대한 예비적 문제에 대하여」(이하「예비적 문제에 대하여」)에서는 실재계의 출현과 관련되는 주제인 정신병에 대한 라캉의 관점이 잘 나타난다. 라캉에 의하면 정신병은 상징계의 안내자인 '아버지의 이름'이 제자리를 잡지 못하면서 실재계가 환상의 형태로 돌아오는 것으로 라캉은 이를 또 하나의 도식인 R도식을 통해 설명한다. 특히「예비적 문제에 대하여」의 소단락을 통해 라캉은 상징계와의 관계에서 정신병을 설명하는 자기 이론이 프로이트주의의 정당한 연장선상에 위치한다고 평가한다. 소단락의 제목을 보면 각각 I장은 '프로이트를 향해서', II장은 '프로이트 이후', III장은 '프로이트와 더불어', VI장은 '슈레버에 관해서', 그리고 V장은 '덧붙이는 말'로 되어 있다. 이 논문에 오이디푸스콤플렉스의 라캉판 버전인 부성 은유 공식이 제시되어 있다.

 VI장에 실린 1962년의 논문「칸트와 사드」는 '도착'과 '주이상스'에 대한 주제를 특화시켜 다룬 글이다. 라캉은 여기에서 1959~1960년 '정신분석학의 윤리'란 제목으로 진행한 세미나의 논점들을 심화시키면서, 욕망이 전복적 윤리와 연관됨을 사드를 통해 역설한다. 전후의 프랑스 사상가들은 전통적 가치의 전복이라는 관점에서 사드의 작품에 많은 관심을 표명했는데 라캉도 예외가 아니었다. 이 논문은 원래 사드의 작품 『규방철학』의 서문으로 작성되었으나 정작 출판에서는 텍스트가 어렵다는 이유로 제외되었다. 라캉은 사드가 향유의 자유를 통해 욕망의 절대성을 인권의 실질적 내용으로 제시한 최초 인물이라 평한다. 인권이란 개인의 권리와 자유를 보장하는 것이라 할 수 있는데 사드는 욕망을 향유에 대한 의지와 권리로 해석한다.

라캉은 또한 사드와 칸트를 비교하면서 욕망의 윤리를 칸트의 정언명법인 무조건성과도 연결시킨다. 그러나 칸트가 법에 머물러 있다면 사드는 더 극단으로 나간 사람이다. 라캉에 의하면 사드는 칸트가 핵심적인 전환점을 제공한 전복의 가치를 더 극단화시키면서 환상 대상 a에 도달하고자 하는 주이상스라는 개념을 도착적 행위를 통해 새롭게 조명해준 사람이다. 욕망의 자유는 주이상스로 향할 수밖에 없는데 이를 위해서는 주체가 대타자의 향유의 도구인 대상이 되어야 한다. 이것이 주체가 사라지면서 환상 대상 a로 되는 도착의 실질적 내용이다. 라캉이 보기에 사드는 환상적 고문이나 자기 파괴 형태로 발휘되는 야만적인 열정을 죽음 충동까지 밀고 나감으로써 욕망의 화신 안티고네의 현대적 재판이 될 수 있었다.

「칸트와 사드」에서 강조한 전복이 겨냥하는 것은 결국 철학적 주체이며, 전복의 귀결점은 분열된 주체의 자리를 보여주는 욕망임을 강조한 텍스트가 1960년에 발표된 「프로이트적 무의식에 있어서 주체의 전복과 욕망의 변증법」(이하 「주체의 전복과 욕망의 변증법」)이다. 원래 '변증법'이란 주제로 개최된 철학 국제학술대회에서 발표된 이 글에는 철학에 대항하여 새로운 과학적 이상을 대변하는 정신분석의 위상에 대한 라캉의 자부심이 한껏 드러나 있다. 라캉은 헤겔이 절대주체의 완성 과정으로 옹호한 변증법을 무의식 주체의 비존재론적 위상을 보여주는 개념으로 개조하는데 이런 관점이 도식으로 응축되어 있는 것이 바로 욕망의 그래프이다.

라캉은 이 논문에서 주체의 관점에서 진리의 절대성을 옹호하는 철학에 대해 가차 없는 비판을 가하며, 주체를 소홀히 하는 실증과학에 대해서도 마찬가지 태도를 취한다. 정신분석이야말로 시니피앙의 논리를 통해 주체의 진정한 원인을 제시하고, 분열되면서 사라질 수밖에 없는 주체의 불안한 지위를 동시에 폭로한다고 라캉은 강조한다. 그러나 주체는 발화 행위 속에서 '나'라고 소리치며 시니피앙의 사슬 속에서 사라질 수밖에 없는 자신의 빈자리를 통해 존재를 알린다. 욕망이야말로 시니피앙과의 관계에서 주체의 역설적 자리를 사라짐과 나타남을 통해서 드러내는 행위이다. 그리고 욕망의 전개는 언어의 분절 효과 속에서 진행된다. 이렇게 언어적인 작용에 의해 구조화되는 무의식 개념이 욕망의 그래프에서 이중화된 담론으로 묘사된다. 결국 주체의 문제는 지식에 대한 주체의 관계를 통해 다뤄져야 하는데 이 관계는 모호하고 모순적일 수밖에 없다는 게 라캉의 강조점이다.

1960년 보네발Bonneval에서는 프랑스 정신 의학계의 거장 앙리 이(Henri Ey, 1900~1977)의 주도하에 정신 의학자, 정신 분석가, 철학자들이 함께 모여 무의식에 대해 토론했다. 이때 논평 형식으로 발표한 라캉의 주장을 1964년 앙리 이의 요청에 의해 다시 요약한 논문이 「무의식의 위치」이다. 라캉은 자신의 제자 장 라플랑슈(Jean Laplanche, 1924~ )가 무의식이 언어의 조건이라고 강조한 것을 반박하면서 거꾸로 언어가 무의식의 조건임을 이 논문에서 강조한다. 이 입장은 앞서 언급한 「문자의 심급」에서 강조되었던 사실, 즉 주체에 대해 시니피앙이 원인으로서 우월성을 가진다는 라캉의 이론을 다시 확인한 것이다.

그러나 이 논문에 세미나 XI[12]에서 중요성이 강조되는 소외와 분열에 대한 라캉의 입장이 개진되고 있다는 사실은 주목할 만한 일이다. 소외와 분열은 주체 생성 과정에서 발생하는 필연적 결과인데, 라캉이 욕망을 설명하면서 주체로부터 기원하는 역동적 사유를 완전히 포기하지 않았음을 보여주는 중요한 개념이다. 언어는 주체를 상징계에서 의미로 출현시키면서 그 이면 효과로 주체 분열을 발생시키는데, 그 결과가 첫 번째 과정인 소외이다. 그러나 주체는 소외에 매몰되지 않고 분열 속에서 결여로 남게 되는 잃어버린 대상을 분리함으로써 자신을 주체로 생산하게 되는데 이것이 분리의 의미이다. 주체는 분리라는 능동적 과정을 통해 자신을 욕망하는 존재로 확립한다. 욕망의 능동성은 주체가 결여에 대응하는 양식인 환상 대상 a를 통해 보다 자세히 탐구된다. 이렇듯 라캉은 주체와 시니피앙의 관계에서 어느 한쪽의 입장을 명확히 하기보다는 의도적으로 모호성을 드러낸다. 이것은 자신의 글쓰기에 무의식적 주체의 특수한 위치를 반영하려는 라캉의 전략이기도 하다.

이상 대략적으로 『에크리』에 실려 있는 논문들의 핵심 내용과 주제를 살펴보았다. 라캉 사상에 대한 자세한 해설은 다음 장 '『에크리』의 핵심 사상'에서 볼 수 있을 것이다.

라캉 이론은 1964년 세미나 XI 시기부터 변화를 겪기 시작하는데, 시니피앙의 논리보다는 실재, 충동, 주이상스가 더 강조된다. 욕망이 언어의 장소인 대타자에 대한 관계에 의존하지만 대타자 역시 결여된 존재이기에 욕망은 최종적으로 만족의 불가능성에 직면한다. 여기에서부터 그 한계를 넘어서고자 하는 죽음 충동이 주체를 엄습한다. 그러므로 욕망은 주이상스로 향하게 된다. 그러나 상징계는 주체가 벗어날 수 없는 한계이며, 절대적 주이상스에 도달한다는 것은 말하는 주체에게는 불가능하다.

『에크리』에는 이러한 양면적 입장이 다 들어 있다. 상징계의 절대성을 강조하면서 무의식 주체의 말을 통해 욕망을 해방시키고 분석에 성공할 것을 주장하는 입장부터 상징계의 한계를 넘어 충동의 주체 혹은 주이상스의 주체를 새롭게 제시하는 입장까지 다 찾아볼 수 있다. 라캉 사유의 발전을 연속선상에서 봐야 할지 일종의 단절이나 전환으로 봐야 할지는 쉽게 평가할 수 있는 사항이 아니다. 하지만 중요한 것은 주체와 상징계의 관계를 어느 한 입장을 중심으로 도식화하는 것은 라캉이 말하고자 한 바를 왜곡시킬 수 있다는 것이다. 『에크리』를 읽다 보면 불가피하게 독자의 해석이 개입되기 마련이지만, 자신의 관점을 절대화시키지 말고 진리가 말하도록 내버려 두면서 진리의 목소리에 귀를 기울여보자.

2장

# 『에크리』의
# 핵심 사상

# 상징계와 주체

　라캉의 상징계 개념을 이해하기 위해서는 시니피앙[13] 논리로부터 출발해야 한다. 라캉은 기호 이론과 기호들이 맺는 변별적 시스템을 통해 언어의 본성과 작동 법칙을 설명하는 입장을 소쉬르로부터 차용하면서도 시니피앙과 시니피에의 상호 관계를 재정립하여 시니피앙 논리를 내세우면서 이를 프로이트주의를 재해석하는 데 적용한다. 시니피앙 논리는 『에크리』의 가장 핵심 주제라 할 수 있으며, 1960년대 프랑스 사상 발달에 끼친 라캉의 이론적 공헌이기도 하다. 라캉에서 볼 수 있는 합리주의적 태도와 정신분석을 과학으로 재구성하려는 입장은 상징계의 기능에 대한 확신에서 비롯되는데 그 핵심에 시니피앙 논리가 있다. 『에크리』여러 논문 중

「〈도둑맞은 편지〉에 대한 세미나」「정신분석에서 말과 언어의 기능과 장」「문자의 심급」은 시니피앙 논리 및 상징계 이론을 다룬다.

## 시니피앙 논리

라캉은 소쉬르 기호 도식을 수정해서 연산식 $\frac{S}{s}$[14]를 제시하는데 라캉 연산식에는 몇 가지 새로운 의미들이 함축되어 있다. 라캉 연산식은 우선 시니피에에 대한 시니피앙의 우월성과 자율성을 강조한다. 대문자 S는 시니피앙을 말하는데 소쉬르의 기호와 달리 그것이 시니피에 위에 놓여 있는 것은 시니피앙의 능동성과 지배를 보여주기 위해서이다. 그리고 시니피앙과 시니피에 사이의 밑줄을 라캉은 둘을 분리하는 장벽이라고 말한다. 원래 소쉬르의 기호에서 시니피앙과 시니피에는 안정적인 결합을 이루어 기호라는 하나의 단위를 형성하지만 라캉은 장벽을 통해 둘 사이의 단절을 강조한다. 연산식의 내용을 구체적으로 이해하기 위해 시니피앙 개념에 대한 라캉의 새로운 정의를 좀 더 살펴보자.

시니피앙이란 무엇인가? 소쉬르는 언어의 최소 단위를 기호로 본다. 기호는 기표인 시니피앙과 기의인 시니피에로 나뉘는데 기표가 청각적인 이미지라면 기의는 개념을 말한다. 라캉은 소쉬르의 기표, 기의 개념을 기본적으로 차용하면서도 이론적인 수정을 가하여 시니피앙을 중심으로 상징계를 설명하는데 그것이 바로 시니피앙의 논리이다. 라캉 이론에서 시니피앙 개념은 다음과 같이 정의된다.

첫째, 라캉은 언어의 최소 단위를 기호가 아니라 시니피앙으로 보는데 시니피앙이 의식적, 무의식적 담론을 형성하고 주체를 발생시키는 근본 요소가 된다. 기호와 달리 시니피앙은 의미가 없는 순수 차이의 단위이며, 변별적 체계를 통해 상호 작용하는 것은 기호가 아니라 시니피앙들이다. 라캉의 이론에서 유물론적 특성을 발견할 수 있다면 바로 시니피앙 이론이다. 시니피앙은 주체를 초월해 있는 언어의 물질적 실재이다. 순수 차이인 시니피앙의 작용을 통해 의미의 세계인 상징계가 만들어지고 주체의 운명을 규정한다고 설명하는 것이 라캉 사유의 가장 큰 특징이다. 프로이트가 무의식의 본성을 규명하면서 주체의 생물학적이고 역동적인 리비도 이론을 기초로 삼았다면, 라캉은 외부적 원인이자 순수 형식인 시니피앙을 중심으로 무의식의 구조를 해명한다. 시니피앙 이론은 주체의 내면적 주관성 대신 초월적인 구조와 형식을 강조하는 것으로, 상징적인 것을 근본적이고 독립적인 질서로 발견하고 중시하는 구조주의자들의 관점과 상통한다.

둘째, 시니피앙은 언제나 연쇄적인 사슬 형태로만 존재한다. 개별적인 시니피앙은 그 자체로는 아무런 의미도 없으며,

서로 간의 변별적 체계 속에서 대립을 통해서만 가치를 부여받는다. 마치 맛있는 요리에 들어간 재료들을 따로따로 늘어놓아 봤자 단순한 재료일 뿐이고, 그것들이 합쳐져야 완성된 요리로 미각을 자극하는 것과 마찬가지이다. 그런데 시니피앙 연쇄는 한 번에 완성되는 것이 아니라 끊임없는 상호 작용 속에서 첨가되기도 하고 재결합되면서 의미를 지연시킨다. 한 시니피앙과 또 다른 시니피앙의 결합이 의미를 발생시키는데 또 다른 시니피앙 조합이 첨가될 때마다 의미는 바뀔 수 있다. 그 때문에 언어에서 시니피앙들의 대체와 연결 과정인 은유와 환유가 기본 법칙으로 중요해지는 것이다. 라캉은 시니피에가 의미화와 연관되지만 시니피앙에 의해 일방적으로 지배를 받기 때문에 의미는 가변적이라고 말한다. 시니피에는 시니피앙 밑으로 끊임없이 미끄러져 들어가며 고정된 기의는 존재하지 않는다는 게 라캉이 강조하는 점이다. 일정한 시니피앙 연쇄가 고정된 의미를 지니는 게 아니라 경우에 따라 둘, 셋 혹은 그 이상의 다의적인 의미를 내포할 수도 있는 것이다.

셋째, 시니피앙은 주체를 대리함으로써 상징계를 완성하고 무의식의적 욕망을 발생시킨다. 주체는 상징계의 주인이자 언어의 주관자 같지만 사실은 정반대로 시니피앙이 주도권을 갖는다. 라캉은 주체에 대해 철학이 취하는 존재론적 입장을 단호하게 거부하는데 시니피앙이 주체의 실질적인 원인이라고 보기 때문이다. 시니피앙은 또 다른 시니피앙을 위해 주체를 대리해서 표상하는데[15] 우리가 통상 사유의 출발점에 놓는 주체가 사실은 시니피앙의 호명 효과에 불과하다는 게 라캉의 생각이다. 그러므로 주체에게는 당연히 자유도 없고 상징계에 대한 우월성도 없다. 주체에 대한 시니피앙의 절대적 지배는 「〈도둑맞은 편지〉에 대한 세미나」에 잘 묘사되어 있다.

**상징계**

상징계란 개념은 1953년부터 '프로이트로의 복귀'를 외치면서 라캉 이론에서 점차로 중요성이 커지는 범주이다(그 이전까지 라캉의 주된 관심사는 상상계와 자아였다). 상징계는 상징주의나 문화주의자들이 말하는 사회적 기호와는 관계가 없으며, 라캉의 삼위론 속에서 상상계와 실재계에 대립되어 정의될 때에만 그 의미가 분명해진다. 실재계란 상징계를 넘어서는 절대적 질서이며, 상상계란 상징계에 지배를 받는 표상들의 질서이기 때문에 상징계가 둘의 기준이 된다고 말할 수 있다. 라캉은 주체를 다루는 정신분석이 그 진정한 기초인 상징계가 아니라 상상적 관계에 머물러서는 안 된다고 강조하면서 건전한 자아 형성을 치료의 목적으로 제시하는 실용주의 경향을 통렬하게 비판한다. 프로이트가 발견한 무의식은 라캉에 의하면 주체를 구성하고 말의 효과를 통해 작용하는 상징계로부터 제대로 규명될 수 있다.

상징계는 주체의 원인이자 활동 무대가 되는 위상학적 공간을 말하며, 시니피앙의 연쇄적 결합과 상호 작용에 의해 구성된다. 상징계는 언어적인 영역에 속하지만 언어 자체나 의사소통이 이루어지는 상상적 공간을 말하는 게 아니라 교환과 차이를 발생시키는 추상적 구조와 형식을 말한다. 그것은 순수 시니피앙들의 결합에 의해 물질적 기초를 얻으며 주체를 상호 관계 속에서 배치하고 이동시킴으로써 역사를 진행시키는 초월적 영역이 된다. 상징계는 또한 끊임없는 반복의 구조이자 정신분석이 발견한 프로이트 이후의 진정한 로고스이다. 로고스라는 말은 문자 그대로 사물의 존재와 운행을 규정하는 법칙이자 원리란 말이다. 상징계는 주체에 선행하며 주체의 바깥에 놓여 있는 선험적 질서로 이러한 것들이 무의식의 규정에서 중요하다. 라캉은 인간에 대한 상징계의 외재성으로부터 프로이트적인 무의식이 설명될 수 있다고 강조한다.[16] 무의식은 주체의 내밀한 욕망이나 억압된 표상과 기억의 공간이 아니라 주체에 작용하는 말의 효과이기 때문이다. 무의식에 대한 자세한 설명은 2부 2장의 '대타자와 무의식' 편에서 다시 하겠다.

상징계에 대한 이와 같은 정의로부터 도출되는 결론은 주체는 상징계의 주인이 아니라 상징계를 이루는 한 항에 불과하며 그때그때 시니피앙의 순환에 의해 주어진 역할을 함으로써 존재한다는 것이다. 이것에 대한 우화가 바로 「〈도둑맞은 편지〉에 대한 세미나」이다. 포의 단편소설 「도둑맞은 편지」의 줄거리는 아주 간단하다.

궁정에서 왕비가 자기에게 온 편지를 읽고 있었는데 대신을 동행한 왕이 갑자기 왕비의 방에 들어온다. 왕비는 당황했지만 태연한 척하며 읽던 편지를 아무렇지도 않게 탁자 위에 올려둔다. 왕은 아무것도 모르지만 대신은 왕비의 당황해하는 태도를 보고 그 편지가 중요하고 비밀스럽다는 것을 직감한다. 음흉한 대신은 주머니에서 비슷한 편지를 꺼내 왕이 한눈을 파는 틈을 타 편지를 슬쩍 바꿔친다. 왕비는 대신이 편지를 바꿔치는 것을 빤히 보면서도 왕이 눈치 챌까 두려워 아무런 제지도 하지 못한다. 이것이 1장의 내용이다.

2장에서는 사설탐정 뒤팽이 경찰청감의 부탁을 받게 된다. 왕비의 은밀한 명령을 받은 경찰들은 대신의 집을 여러 차례 뒤졌지만 편지를 찾지 못했기에 이 총명한 탐정에게 일을 의뢰하게 된 것이다. 대신의 집을 방문한 뒤팽은 거실 벽난로에 구겨지고 훼손되어 아무렇지 않게 놓인 편지를 보고 이것이 문제의 편지임을 직감한다. 다음 날 대신의 집을 다시 찾은 뒤팽은 바깥의 소란을 이용하여 편지를 바꿔친 후 가짜 편지를 원래의 편지가 있던 자리에 놓아둔다.

라캉은 편지의 내용이 전혀 알려지지 않은 채 극이 진행된다는 점과 1장과 2장에서 편지를 둘러싸고 세 인물의 시선과 역할이 달라지면서 플롯이 구성된다는 점을 토대로 상징계의 논리를 설명한다. 1장과 2장은 사실상 동일한 사건이 인물만 바뀌면서 되풀이되는 구조로 되어 있는데, 라캉이 보기에 반복은 문자 즉 상징계의 전형적 기능이다. 편지라는 뜻의 불어 단어 '레트르Lettre'는 한편으로 문자를 지칭하기도 하는데 여기에서 문자는 시니피앙의 동의어로 해석될 수 있다. 소설의 진정한 주인공은 뒤팽이나 왕비가 아니라 편지이고, '도둑맞은 편지'가 의미하듯 편지(문자)는 특정인에게 속하지 않고 돌고 도는 것이다. 모든 사건과 갈등의 중심에 문자가 있으며 그것이 순환할 때마다 편지를 둘러싼 상이한 의미들을 발생시키며 주체의 위치를 새롭게 규정한다. 편지(문자)를 중심으로 상징계의 특징을 다시 정리해보자.

첫째, 상징계는 순수 형식이자 질료인 문자에 의해 구성된다. 편지는 내용이 배제된 시니피앙의 은유적 기호이다. 독자는 소설을 읽으면서 왕비가 받은 편지가 왕이 알아서는 안 될 사적인 비밀이나 사랑에 관계되지 않을까 추측하지만 내용은 끝까지 드러나지 않으며 극의 전개에서 중요한 역할을 하지도 않는다. 극이 전개될수록 독자의 호기심은 증가하지만 편지의 내용, 즉 의미는 끝까지 보류되며 편지의 순환이 플롯의 중심이 된다. 오히려 편지의 의미는 그것이 누구 손에 들어가느냐에 따라 달라지며 편지에 대한 주체들의 시선도 고정된 게 아니라 편지의 이동에 따라 달라진다. 이것이 순수 차이로서 시니피앙의 모습이다. 라캉은 상징계에 대해 설명하면서 확실하고 고정된 의미를 가진 문자는 어디에도 없다고 강조한다. 편지는 의미의 세계이기도 한 상징계가 순수 형식인 문자의 미끄러짐과 순환에 의해 구성됨을 잘 보여준다.

둘째, 편지는 상호 주체성의 구조 속에서 주체의 역할과 위상을 결정한다. 이 우화에는 편지를 보는 세 시선이 나타나 있다. 첫째로 왕에게는 편지가 아무런 의미도 없고 보이지도 않는다. 왕은 역사의 진행에서 흔히 제삼자로 머물면서 아무것도 알지 못하고 보지 못하는 맹인의 시선을 대표한다. 마찬가지로 2장의 경찰은 편지를 보면서도 그 가치를 알아보지 못한다는 점에서 1장의 왕과 똑같은 위치를 차지한다. 둘째로 왕비는 1장에서 자기 편지가 도둑맞는 것을 보면서도 무력하게 바라볼 수밖에 없는 위치에 놓인다. 왕비는 왕의 시선으로부터 편지를 감추었다고 안심하지만 곧이어 대신에게 편지를 빼앗김으로써 자기 꾀에 자기가 속는 시선을 대표한다. 여기에서 왕비가 편지를 강탈당하는 것은 편지가 특정인의 것이 아니라 순환될 수밖에 없는 운명이기 때문이다. 1장에서 편지의 중요성을 간파하고 이를 탐욕스럽게 강탈하는 대신은 2장에서는 뒤팽에 의해 속임을 당한다. 마치 1장의 왕비처럼 자신의 눈앞에서 사라지는 편지에 대해 속수무책인 무력한 사람이 되는 것이다. 하지만 대신은 1장에서는 숨겨진 곳에서 편지를 보는 영리한 시선을 대표한다. 강탈자의 자리는 2장에서는 뒤팽이 차지하며 대신은 뒤팽에게 편지를 빼앗기는 사람이 된다.

이처럼 등장인물들의 역할과 위치는 편지를 대하는 시선과 위치에 따라 정반대로 달라진다. 편지의 순환이 각자의 운명을 바꾸어놓듯이 문자란 주체에 대해 결정적이다. 「〈도둑맞은 편지〉에 대한 세미나」를 『에크리』 제일 첫 장에 놓은 것은 주체와 역사에 대한 상징계의 우월성을 보여주기 위한 일종의 라캉식 장치이다.

셋째, 문자는 반복되는 것이다. 우화에서 대신은 왕비의 편지를 자기 편지와 바꾸면서 가로챘다. 그리고 2장에서 뒤팽은 대신의 편지를 역시 자신의 편지와 바꾸면서 대신을 조롱하고 바보의 위치로 전락시킨다. 라캉은 1장을 원초적 장면으로 2장을 원초적 장면의 반복으로 해석한다. 문자는 반복되면서 사건을 되풀이함으로써 주체의 운명을 전도시킨다. 그런데 반복은 상징계의 본성이기도 하다. 상징계는 그 구조에 채워질 수 없는 결여를 가지고 있는데 반복은 이 결여를 채우고자 하는 것이기 때문이다. 편지는 돌고 돌아 원래의 소유자에게 돌아간다. 라캉은 시니피앙의 이러한 우회적인 흐름을 프로이트가 말년에 주목한 반복 강박현상에 연결시키면서[17] 인간 유기체를 움직이는 쾌락원리가 바로 시니피앙의 연쇄라고 강조한다. 도둑맞은 편지라는 말이 암시하는 것처럼 상징계는 순환의 구조이다. 그 구조 속에서 주체의 절대적 자리는 없으며 편지는 부재와 현존을 반복하며 이 시선에서 저 시선으로 옮겨 간다. 상징계가 반복을 특성으로 한다는 것은 죽음 충동이 상징계의 본질을 이룬다는 말이다. 죽음은 충족되지 않는 결여에 다름 아니고, 반복은 그것을 메우려는 운동이기 때문이다.

### 시니피앙의 주체

시니피앙 논리는 주체가 언어의 효과라고 정의하는 데서 절정에 달한다. 주체란 다른 무엇이 아니라 시니피앙의 연쇄와 의미화의 지속을 위한 언어적 파생물이다. 라캉의 연산식 $\frac{S}{s}$는 시니피에에 대한 시니피앙의 지배를 의미하는데, 여기에서 주체는 시니피에 즉 의미의 대표자로 간주할 수 있다. 나중에 라캉은 상징계를 지탱하는 구조의 인격화된 지점을 대타자(Autre)라 칭한다. 대타자는 상상계에 속하는 타자와 달리 언어의 장소로 정의되며, 호명을 통하여 주체를 발생시키는 근본 원인이 된다. 주체, 즉 의미는 시니피앙에 의해 발생되기 때문에 라캉은 고정된 실체나 기원으로 가정된 데카르트적 주체 개념을 인정하지 않는다.

라캉에 따르면 주체가 거울에 비친 모습과 동일시하면서 대상처럼 내세우는 자아와 주체를 구별해야 한다. 라캉은 자아와 주체의 구별이 아주 중요하다고 강조하면서 이런 구별을 등한시하는 자아심리학을 논박하는데, 자아가 상상계에 속한다면 주체란 상징계의 구조이기 때문이다. 그리고 무의식은 언어적인 것이기 때문에 상상계의 자아를 중시하는 자아심리학은 출발부터 잘못되었다는 것이다.

라캉이 정신분석의 장에 이전까지 존재하지 않았던 주체라는 개념을 새롭게 도입하지만 그렇다고 라캉의 주체가 철학자들이 말하는 주체와 동일하지는 않다. 라캉이 말하는 주체는 외부 세계를 마주하고 그것에 질서를 부여하고 대상들을 사유 속에서 취하는 코기토가 아니라 상징계에 포섭됨으로써 불완전하게 존재하는 그런 주체이다. 라캉은 시니피앙에 의해 대리됨으로써 존재성을 얻게 되는 이 나약한 주체가 바로 데카르트가 찾고자 했던 주체이자 프로이트의 무의식 주체라고 선언한다. 하나의 시니피앙이 또 다른 시니피앙과 연쇄 사슬에서 결합할 때 의미의 담지자인 주체가 탄생하지만 그것은 존재론적 사유에서 본다면 고정된 자리가 없는 무에 가깝다. 이 주체는 시니피앙에 의존함으로써만 상징계 내에 아슬아슬하게 자리를 잡는데 주체와 시니피앙의 관계가 정신분석이 겨냥하는 핵심 대상이라고 라캉은 강조한다.

라캉은 한편으로는 실체, 동일성, 기원에서 파악된 철학적 주체를 거부하면서도 다른 한편으로는 주체에 대해 새로운 이론을 제시하며 주체 개념을 절대로 포기하지 않는데, 이것이 다른 구조주의자들과 구별되는 라캉의 특이성이다. 그런데 라캉이 보통 주체라고 말할 때에는 시니피앙에 의해 대리되는 시니피앙의 주체를 말하지만, 주체 분열의 논리를 고려한다면 주체 문제가 그리 간단하지 않다. 다시 말해 시니피앙이 주체에 존재성을 부여해준다고 해서 주체를 한갓 이름이나 구별의 기호에 불과하다고 말한다면, 라캉이 욕망의 주체를 통해 강조하는 또 다른 의미를 놓치게 된다. 주체는 한편으로는 시니피앙에 의해 상징계 질서에 나타나면서도 동시에 그 시니피앙 밑으로 사라지는데 이 주체 소멸(fading)이 욕망의 진정한 원인이다.

1950년대 이후 라캉은 언어적 구별을 토대로 '언표 주체'와 '언술 행위의 주체'를 구분하면서 주체 분열의 논리를 정교하게 발전시킨다. 전자가 담론의 주체 혹은 자아에 가깝다면 후자는 사라짐을 통해서만 존재를 드러내는 욕망의 주체를 말한다. 주체는 상징계에 대해 이중적 위치에 있을 수밖에 없는데, 라캉은 무의식 주체가 위치하는 곳을 '탈존' 혹은 외재적 자리라고 말한다. 시니피앙은 분명히 주체에 대해 원인으로 작용하기에 우월성이 인정되지만 주체와의 관계는 단순하지 않다. 주체의 현존과 부재는 2부 2장의 '주체 분열과 진리 개념' 편에서 좀 더 상세히 다루겠다.

# 오이디푸스콤플렉스와 주체

프로이트에게 오이디푸스콤플렉스가 주체의 성적 정체성과 인격 형성에 중요한 계기이듯 라캉도 오이디푸스콤플렉스 과정을 주체 생성의 필수 과정으로 간주한다. 하지만 라캉은 프로이트 이론에서 볼 수 있는 것처럼 오이디푸스콤플렉스에 내재한 가족사적 맥락, 즉 부모에 대한 아이의 사랑과 증오라는 성애적 차원을 철저하게 배제하면서 오이디푸스를 상징계 작용과 연관시켜 추상적으로 개념화한다. 오이디푸스 과정이란 주체가 어머니의 욕망에 종속된 상상적 동일시에서 벗어나 아버지가 부과하는 상징계의 질서로 편입되는 과정이다. 라캉은 이를 다른 말로 부성 은유라고도 지칭하는데 주체가 '아버지의 이름(Nom-du-Père)'을 수용하고, 이 기표에 동일시함으로써 시니피앙의 주체로 탄생하는 과정이다. 라캉은 오이디푸스콤플렉스가 상징계의 법이 자리를 잡는 보편성임을 천명함으로써 오이디푸스에 대한 문화적 해석도 가능하게 만든다. 아래에서 먼저 라캉이 주장하는 오이디푸스콤플렉스의 개념을 살펴보고, 부성 은유와 연관해서 시니피앙이 작용하는 법칙인 은유와 환유를 살펴보겠다.

**오이디푸스콤플렉스의 세 단계**

라캉은 주체 형성이 두 단계를 거친다고 설명한다. 첫 번째는 상상적 동일시로 거울 속에 비친 타자적인 이미지를 아이가 자신의 것으로 수용함으로써 자아가 형성되는 단계이다. 상상계는 자아를 중심으로 자아의식에 수용되는 이미지들의 세계를 말한다. 다음 단계는 상징계 질서를 대표하는 아버지의 기표에 동일시함으로써 주체가 형성되는 단계이다. 이것을 이차 동일시라고도 하며 주체는 비로소 상징계에 자리를 잡는다. 이 모든 과정은 동일시에 의해 가능한데 그 근원에는 자아상에 대한 나르시시즘적 도취가 있다. 두 단계의 동일시는 시간적인 선후로 끝나는 것이 아니라 주체가 몸담는 세계에서 상상계와 상징계로 계속해서 작용한다. 그런데 더 결정적인 것은 상징계로서, 라캉에 의하면 이미 거울단계에서도 상징계적 질서가 개입한다. 상상계에 속하는 첫 번째 동일시가 아니라 두 번째 동일시에 의해 오이디푸스콤플렉스는 극복된다. 이때 동일시의 대상이 되는 것은 부모의 이마고[18]가 아니라 '아버지의 이름'이라는 시니피앙이다.

라캉에 의하면 오이디푸스콤플렉스는 최종적으로 세 단계를 거쳐 해소된다. 마지막 과정은 부성 은유를 통해 상징적 동일시가 완수되면서 주체가 탄생하는 과정이다. 이때부터 욕망과 무의식은 주체의 본질이 된다. 프로이트는 오이디푸스콤플렉스를 경험하는 남녀 아이의 차이가 부모의 성과 연관된다고 보지만, 라캉은 아이가 욕망하는 것은 무조건 어머니이며 아버지는 그것을 금지하는 자로 등장한다는 구조적 설명 방식을 고수한다. 세 단계에 대해 차례로 살펴보자.

첫 번째 시기는 아이와 어머니의 결합이 상상적 남근을 중심으로 형성되는 시기로 이 시기 아이는 어머니의 욕망에 철저하게 종속된다. 거울단계가 바로 이 시기에 발생한다. 인간이 타자에 의존하는 것은 필연적인데 타자를 통하지 않고서는 주체 형성이 불가능하기 때문이다. 라캉은 "주체가 자기 자신을 알아보는 것과 자신의 존재에 대해 느끼는 것조차 타자 속에서만 가능하다."[19]라고 말한다. 이 시기의 중요한 특징은 어머니와 아이의 상상적 결합과 일체감이다. 아이는 자기 욕망의 주체가 되지 못하고 어머니의 욕망에 철저하게 의존하면서 어머니의 욕망을 충족시켜주는 상상적 남근이 되려고 한다. 아이와 어머니의 관계를 매개시켜주는 것은 상상적 남근으로 이 단계에 벌써 남근을 둘러싼 갈등이 전개된다. 그러나 상상적 남근이란 실제로 아이가 도달할 수 없는 허구적인 것으로 아이를 불안하게 만드는 표식이기도 하다.

첫 번째 시기는 아이와 어머니의 절대적 융합이 평화롭게 보장되는 시기가 아니라 이미 결여와 불안이 작용하는 시기이다. 언뜻 생각하면 아이와 어머니가 일체를 이루기에 모든 것이 충족된 것 같지만 사실은 아이와 어머니의 결합은 결여를 감추는 상상화된 방식으로 위태롭게 봉합되어 있다. 아이가 어머니의 욕망의 대상이 되고자 하는 것은 어머니에게 결여가 있기 때문이다. 그리고 아이 자신도 결여된 존재일 수밖에 없는데 자신이 온전하게 어머니의 욕망을 채울 수 있는 남근이 될 수 없기 때문이다. 어머니의 전능한 욕망의 포로가 된 아이는 어머니의 욕망에 의존하면서 그것을 충족시켜주지 못하는 무능력에 끊임없이 좌절하는 나약한 존재이다. 아이는 상상적 동일시의 속박에서 빠져나와야 하는데 이것은 아버지의 개입에 의해 가능해진다.

오이디푸스콤플렉스의 두 번째 시기는 상상적 아버지의 개입에 의해 시작된다. 위에서 설명한 것처럼 아이는 어머니의 욕망을 충족시켜주는 남근이 될 수 없는데 바로 아버지란 존재 때문이다. 어머니의 욕망은 아이가 아닌 아버지를 향해 있는데, 이때 아버지는 남근의 소유자로 등장한다. 아버지는 어머니를 아이가 욕망하는 대상이 되지 못하게 만들고 아이를 어머니에게서 분리시킴으로써 상상적 남근을 중심으로 이루어진 아이와 어머니의 결속을 깨뜨린다. 어머니와 아이의 욕망은 아버지에 의해 새롭게 질서가 부여되어야 하는데 이것은 금지에 기초한다. 라캉은 이것을 결여의 세 형태 중 하나인 박탈로 명명한다. 이 과정은 실제 아버지가 아니라 어머니의 말에 의해 지시되는 아버지의 역할에 의해 수행된다. 예컨대 어머니가 자신과 떨어지지 않으려고 하는 아이를 떼어놓거나 야단을 치면서 아이보다 더 우월한 존재를 아이에게 상기시킬 때 상상적 아버지가 등장하는 것이다. 아이는 어머니가 아버지의 욕망에 종속된 존재임을 보면서 자신이 어머니의 남근이 될 수 없음을 인정하는데 이것이 바로 라캉이 말하는 거세의 원래적 의미이다.

그런데 아버지에 의한 어머니의 박탈 혹은 어머니에 대한 아이의 박탈은 욕망을 좌절시키는 것이 아니라 실제로는 구원이 된다. 아이로 하여금 절대적이고 변덕스러운 어머니의 욕망에 종속된 상상적 동일시의 질곡을 벗어나서 자기 욕망의 주체가 되도록 도와주기 때문이다. 남근이 될 수 없는 아이가 어머니의 남근이 되려고 하거나 어머니가 아이에 과도하게 집착하는 것은 건강한 주체의 구성을 방해하고 정신병의 원인이 될 수 있다. 예를 들어 어머니에게 지나치게 의존하는 마마보이는 자신의 욕망을 언제나 어머니의 도움을 통해 충족시키려 하는데 이것은 병적인 상태라 할 수 있다.

오이디푸스콤플렉스의 세 번째 시기는 상징적 동일시를 통해 오이디푸스콤플렉스가 종결되는 순간이다. 이 과정은 이미지에 대한 동일시가 아니라 '아버지의 이름'이란 시니피앙에 동일시를 함으로써 주체가 상징계에 안착하는 순간이다. 두 번째 시기가 상상적 아버지가 주도하는 시기라면, 세 번째 시기는 실재적 아버지가 등장하여 자신을 남근의 소유자로 내세운다. 이 모든 것은 상징계의 질서에 의해 부여된다. 오이디푸스콤플렉스의 세 번째 시기는 상상적인 남근을 둘러싸고 아버지와 벌이는 아이의 경쟁의식이 끝을 맺고 상징계의 법이 주체에게 수용되면서 욕망하는 주체가 발생하는 과정이다. 아버지는 어머니를 소유하는데 실제 남근을 가진 육체적 존재가 아니라 상징계의 대리자, 즉 '아버지의 이름'이라는 법의 대리자로 기능한다. 아버지의 상징적 기능이 중요한데 이 때문에 오이디푸스콤플렉스의 극복을 라캉은 부성 은유라 부른다. '아버지의 이름'은 최초 상징화 과정에서 아이의 욕망을 지배했던 어머니의 시니피앙을 대체하면서 주체를 상징계의 질서로 인도하는데 이것이 바로 부성 은유이다.[20]

오이디푸스콤플렉스 마지막 단계의 아이는 이제 상상적 남근이 되는 것을 포기하고 상징계에서 남근을 찾으려고 한다. 이제 남근은 주체가 욕망하는 것을 지시하는 기표이자 아버지의 권위와 상징계의 법을 상징하는 핵심 시니피앙이 된다. 데리다는 라캉이 남근을 특권화된 시니피앙으로 파악함으로써 남근적 로고스에 집착하면서 형이상학적 사유의 한계를 보인다고 비판하는데, 실제로 라캉은 남근에 절대적 역할을 부여한다. 이것은 2부 2장의 '남근과 성차' 편에서 자세히 보겠다.

이상으로 오이디푸스콤플렉스에 대한 라캉의 설명을 보았다. 오이디푸스콤플렉스를 아버지, 어머니, 아이의 삼각관계에서 진행되는 실제 사건으로 파악하면 라캉이 말하는 구조적 의미를 놓치게 된다. 예를 들어 홀어머니가 키우는 아이나 부모가 없는 고아들의 경우도 오이디푸스콤플렉스를 경험한다고 말할 수 있는 것은 오이디푸스콤플렉스가 '아버지의 이름'을 중심으로 전개되는 상징화 과정이기 때문이다. 주체에게 이질적이던 시니피앙의 연쇄는 이제 주체의 세계를 이루는 물적 토대가 되면서 욕망을 언어 속에서 구조화시킨다.

**부성 은유와 무의식 주체의 탄생**

라캉에 의하면 '아버지의 이름'이 상징계의 질서에서 추방되어 전혀 존재하지 않았던 것처럼 영향을 주는 폐제(廢除, forclusion)가 정신병의 원인이다.

> 정신병이 발발하기 위해서는 '아버지의 이름'이 폐제되면 된다. 다시 말해 주체에 대한 상징계의 대립에서 요청되는 대타자의 자리에 그 시니피앙이 오지 않으면 된다. 이 자리에 '아버지의 이름'이 결핍되면 그것이 시니피에에 구멍을 내면서 상상계의 점증하는 재앙들의 기원이 되는 시니피앙 변화의 연속을 일으킨다.[21]

'아버지의 이름'이 주체에 자리를 잡는 과정은 오이디푸스콤플렉스의 극복 과정, 즉 부성 은유를 통해 이루어진다. 폐제라는 것은 '아버지의 이름'에 대한 주체의 상징적 동일시가 실패했다는 말이다. '아버지의 이름'은 일단 정착되면 주체가 그것에 근거해서 의미화의 세계를 구축할 수 있도록 도와주는 누빔점(point de capiton)의 역할을 한다. 원래 누빔점이란 소파의 쿠션이 움직이지 않도록 고정해주는 지점으로 상징계에서 기표와 기의의 무한한 흐름을 멈추게 만드는 고정점에 대한 은유이다. 누빔점이 형성되기 위해서는 '아버지의 이름'이 어머니의 욕망을 대체하면서 주체에게 받아들여져야 한다. 그리고 그것은 어머니의 상상적 남근이 되려는 원초적 욕망의 포기를 대가로 해서 이루어진다. 그러므로 부성 은유는 주체 욕망의 최초 대상인 어머니의 시니피앙을 억압함으로써 가능해지는데 이 최초 억압이 상징계를 출발시키는 실질적 동인이 된다. 부성 은유의 공식은 다음과 같다.

$$\frac{\text{아버지의 이름}}{\text{어머니의 욕망}} \cdot \frac{\text{어머니의 욕망}}{\text{주체에 대한 시니피에 x}} \rightarrow \text{아버지의 이름}\left(\frac{A}{\text{남근}}\right)$$

이 공식을 보면 주체에게 최초에 중요성을 띠는 어머니의 욕망이라는 기표는 '아버지의 이름'이라는 기표에 의해 대체되고 억압된다. 이제 '아버지의 이름'은 대타자의 법으로 주체에게 각인되는데, 이것이 두 번째 항에 표시된 대타자의 기호 A의 의미이다. 그리고 주체는 A의 의미를 남근으로 인식한다. 남근이란 모든 욕망의 의미를 가능하게 하는 절대적 시니피앙인데 그것이 어머니의 욕망을 대체하면서 주체에게 다가오는 새로운 시니피앙이기 때문이다. 주체가 '아버지의 이름'을 수용하는 것도 따지고 보면 상상계가 아니라 상징계에서 자신의 남근을 갖고자 하는 욕망 때문이다. 라캉은 A를 무의식을 의미하는 I로 표기하기도 하는데 대타자는 무의식적 담론의 주권자라는 의미이다. 무의식의 근저에는 남근에 대한 욕망이 깔려 있다.

이 공식에서 보듯 무의식은 부성 은유에서 비롯되는 원초적 억압으로부터 발생한다. 일단 부성 은유가 성공하면 최초 욕망은 환상의 형태로 상징계에 나타난다. 부성 은유에서 억압되면서 사라진 최초 기표, 즉 '어머니의 욕망'은 주체가 되찾고 싶은 상실된 기표가 되면서 시니피앙 연쇄에 의해 절대로 메워지지 않는 영원한 구멍으로 남는다. 의미화 연쇄가 계속되는 것은 바로 이 빈자리를 채우려는 시도 때문이다. 이렇게 볼 때 왜 부성 은유가 욕망하는 주체를 낳는지를 이해할 수 있다. 시니피앙의 대체로 주체는 존재성을 얻었지만 그것은 영원한 상실을 대가로 하기 때문이다. 상실은 사실 언어적 속성에서 비롯되는데 주체는 그것을 대상을 통해 채우려 하기에 욕망은 영원히 빗나갈 수밖에 없는 것이다.

그리고 욕망하는 주체는 무의식의 주체일 수밖에 없는데 초월적 공간인 대타자의 장에서 대타자의 담론을 통해 구성되기 때문이다. 대타자의 담론은 주체가 상상했던 최초 욕망이 사라진 빈자리를 은폐하면서 작용하기에 본질적으로 주체에게 무지의 틈을 남길 수밖에 없다.

최초 모성적 시니피앙은 영원히 억압되면서 상징계를 벗어나며, 이 빈 공간에 욕망의 대상으로 놓이는 것이 바로 물(物, Ding)[22]이다. 물이란 영원히 상실된 대상처럼 주체에게 다가오는 형상에 붙여진 이름이다. 그것은 어머니의 몸일 수도 있고, 막연하게 그리워하면서도 말할 수 없는 미지의 대상일 수도 있다. 언어적 질서는 실재계에 속하는 물을 절대로 온전하게 표현할 수 없다. 실재는 무無이며 언어를 초월하는 영역이기 때문이다. 그러므로 주체는 물에 대해 말을 하면서도 그 의미를 알 수 없는데 이것이 라캉이 무의식을 불가능한 지식으로 정의하는 이유이다. 이처럼 부성 은유는 주체에 존재성을 부여하면서도 동시에 결여를 가져옴으로써 욕망하는 주체, 즉 무의식의 주체를 낳는다.

### 은유와 환유

은유와 환유는 원래 고전적인 수사법인데 야콥슨이 실어증을 연구하면서 그 의미를 새롭게 하였다. 야콥슨은 언어의 구조적 측면을 분석하면서 말이 성립되기 위해서는 언어의 최소 단위가 먼저 선택되어야 하고, 다음으로 이것이 구나 문장을 이루도록 결합되어야 한다고 생각했다. 야콥슨은 은유가 수직적인 계열적 축에서 이루어지는 선택 혹은 치환 작용이라면, 환유는 수평적인 통사적 축에서 작동하는 결합 작용이라고 정의하면서 이 두 가지를 언어의 기본 법칙으로 제시한다. 라캉은 야콥슨의 개념을 차용하여 은유와 환유를 무의식의 가장 기본적인 법칙으로 공식화한다. 하지만 의미를 중시하는 언어학과 달리 라캉은 은유와 환유의 작용에서 의미의 차원을 철저하게 배제하고 순수 시니피앙의 논리로 작용 법칙을 설명한다. 은유와 환유는 시니피앙의 독립적 작용이지만 주체의 욕망과 무의식을 이해하는 데도 중요한 역할을 한다. 주체는 은유에 의해 구성되며, 욕망은 환유에 의해 지속된다. 라캉은 은유, 환유를 특히 「문자의 심급」에서 공식과 더불어 자세히 설명한다.

① 은유란 무엇인가

라캉에 의하면 은유란 하나의 단어를 또 하나의 단어로 대체[23]하는 것이다. 보다 엄밀하게 말하면 하나의 시니피앙이 또 다른 시니피앙을 대체한다. 라캉은 무의식이 언어적인 구조이며, 언어라는 것은 시니피앙의 연쇄에 의해 유지된다고 말한다. 그런데 시니피앙의 연쇄는 먼저 은유에 의해 가능해진다. 시니피앙 간의 결합이 있기 위해서는 먼저 선택이 있어야 하기 때문이다. 선택은 대체의 과정을 포함한다. 앞에서 본 것처럼 주체가 발생하는 것도 부성 은유에 의해 가능해지는데, 주체야말로 존재에 대한 시니피앙의 대체에 의해 가능해진다. 억압, 동일시, 증상, 충동의 변화 등도 은유에 의해 설명이 가능한데, 이 모든 현상이 시니피앙 간에 이루어지는 대체에 의해 설명될 수 있기 때문이다. 예를 들어 히스테리의 신체적 증상은 해소되지 않은 감정이나 기억이 신체적 증상으로 대체되어 나타나는 것이다. 그리고 억압도 하나의 표상이나 사고를 또 다른 표상으로 바꾸면서 무의식 속으로 밀어 넣는 작용이다. 욕망의 출발점도 은유에서 찾을 수 있다. 언어 이전에는 모든 것이 뒤섞여 있고 어떠한 구별도 없기에 욕망도 없다. 이 카오스적 혼란에 차이와 구별을 도입하는 것이 바로 언어이며, 사물을 기호로 대체하여 상징적 질서에 기입하면서 인간은 비로소 의미의 세계를 만든다.

라캉은 시니피앙의 작용으로부터 의미가 발생하는 것을 은유 공식을 통해 설명한다. 은유의 가장 큰 특징은 시니피앙의 대체가 의미화의 효과를 낳는다는 데 있다. 은유 공식은 두 가지로 소개되지만 본질은 같은데 「문자의 심급」에서 볼 수 있는 공식은 다음과 같다.

$$f(\frac{S'}{S})S \cong S(+)s.$$

가장 왼쪽의 f는 은유의 기능을 지칭하는 기호이다. 그 기능은 바로 두 시니피앙 간의 대체를 말하는데 S'가 S로 대체되는 것이 은유의 본질적 기능이라는 말이다. 대수학 부호 $\cong$는 보통 '~와 같다' 혹은 '~와 합동한다'로 읽는다. 부호 왼쪽 항과 오른쪽 항이 같이 합동한다는 말이다. 오른쪽은 은유의 결과라 할 수 있는데 (+)는 의미가 새롭게 출현한다는 뜻으로 S'

와 S 사이에 있는 분리 장벽 —이 은유에 의해 돌파됨으로써 의미화가 가능해진다. 은유란 시니피앙 간의 대체를 통해 전혀 새로운 의미(s)를 발생시키는 작용이다. 원래 시니피에가 시니피앙에 결합하려고 할 때 의미화를 가로막는 저항이 발생하는데 은유는 저항을 뛰어넘어 새로운 의미 창출의 효과를 가능하게 만든다.

라캉이 드는 은유의 예, "사랑이란 태양 아래 미소 짓는 조약돌"[24]을 보자. 여기에서 "사랑"이라는 단어는 "조약돌"이라는 단어로 대체되었는데 그 대체의 효과가 시적 창조와 상상력을 가능하게 해준다. '사랑은 ~과 같다' 식으로 구체적으로 설명하기보다 조약돌을 그 자리에 놓음으로 해서 독자는 조약돌의 새로운 의미들을 자유롭게 사랑에 연결시키는데 이것이 바로 시가 주는 문학적 효과들이다. 만약 예문에서 '사랑이란 조약돌처럼 단단하다' 식으로 사랑이란 의미를 조약돌의 구체적 의미에 제약시킨다면 의미는 상당히 제한되거나 어색해진다. '사랑은 조약돌' 식의 단순한 대체가 오히려 무한한 상상력을 보장함으로써 풍부한 의미화의 길을 열어놓는 것을 볼 수 있다. 라캉은 이것을 통해 의미는 고정된 게 아니라 시니피앙 밑으로 끊임없이 미끄러진다고 설명한다. 무의식도 마찬가지이다. 시니피앙들이 고정된 의미를 발생시킨다면 무의식이란 있을 수 없다. 의미화의 연쇄는 이렇듯 은유 작용에 의해 출발하며 의미는 가변적이기에 그것을 좇는 욕망이 발생할 수 있는 것이다.

② 환유란 무엇인가

라캉은 환유 개념에 있어서도 야콥슨이 말한 결합 작용에만 주목하면서 결합을 통해 시니피앙 연쇄의 연결을 가능하게 하는 법칙으로 환유를 재공식화한다. 라캉은 환유를 '단어에서 단어로'라고 정의하면서 환유 공식을 다음처럼 소개한다.

$$f(S \cdots S')S \cong S(-)s.$$

이 공식의 뜻은 다음과 같다. 왼쪽의 f는 환유의 효과를 낳는 기능을 지시하는 기호이다. 은유와 달리 환유는 점선으로 이어지는데 이것은 하나의 시니피앙이 연쇄적인 사슬 속에서 또 다른 시니피앙에 연결된다는 뜻이다. 두 단어가 연결될 수 있는 것은 그것이 인접성의 관계에 있을 때 가능하다. 고전적인 의미의 환유는 일종의 대유법으로 부분과 전체, 원인과 결과 등 인접성의 관계를 가진 두 단어가 만들어내는 비유적 효과이다. 다시 말해 "검은 베레모의 행진"이란 말이 있을 때 "검은 베레모"(부분)가 그것을 쓰는 군인(전체)을 지시하는 수사법을 말한다. 그러나 라캉은 인접성의 관계를 전혀 중시하지 않는데 환유라는 것은 의미가 배제된 시니피앙 간의 연결이기 때문이다. 은유와 달리 환유의 효과는 (−)로 표기되는데, 이는 의미화 창출에 실패하였음을 뜻한다. 연결을 통해서는 의미화를 가로지르는 장벽을 넘을 수 없기 때문이다.

환유의 의의는 의미화보다는 언어를 지속시키는 연결 자체이기에 라캉은 욕망을 환유로 설명한다. 욕망이란 하나의 대상에서 또 다른 대상으로 끊임없이 이동하는 것이기에 기본적으로 환유적 속성을 갖는다. 욕망이란 늘 어떤 다른 대상에 대한 욕망으로 그것은 사실상 현실 세계에 없는 불가능한 대상을 욕망하는 것이다. 하나의 대상이 주어지자마자 주체는 즉시 또 다른 대상으로 욕망을 이동시킨다. 앞에서 말한 것처럼 욕망이 겨냥하는 자리는 어떤 대상에 의해서도 채워질 수 없고 언어는 늘 그것을 제대로 지시할 수 없는 본질적 한계를 갖고 있기 때문이다. 주체가 시니피앙에 의해 대리되면서 상징계에 출현하는 것은 원초적 상실을 대가로 해서 이루어지기에 욕망이 겨냥하는 것은 바로 이 존재 결여이다. 그런데 사실은 주체가 실제로 무엇인가를 잃어버린 게 아니라 언어적 경험이 되풀이되면서 마치 무엇인가를 잃어버린 것처럼 언어가 주체를 착각하게 만든다. 이 잃어버린 대상을 찾아 욕망의 환유적 운동이 지속되는 것이다.

라캉은 "욕망이란 존재 결여의 환유이다."[25]라고 정의한다. 존재란 언제나 상징적 질서에서 무無로 남는 것인데 주체는 대타자의 시니피앙에 의존하면서 결여를 메울 수 있는 대상을 찾으려고 한다. 대타자가 욕망하는 미지의 x가 바로 주체가 소망하는 대상으로 주체는 환유적 운동을 통해 그것에 도달하고자 하지만 그것은 언제나 어긋나게 되어 있다. x가 무엇인지 주체가 끝내 알 수 없기 때문이다. 하지만 환유적 운동은 끊임없는 미끄러짐 속에서 역설적으로 주체의 진리를 드러내기도 한다. 그 진리란 상징계에서 소외되고 배제되면서 의미화를 거부하는 주체의 진정한 자리인 무를 드러내는 것을 말한다.

# 상상계와 자아

라캉은 정신의학에서 정신분석으로 전향하면서 상상계라는 개념과 그것의 영향력을 규명하는 데 노력을 기울이는데, 상상계가 철학이 중시하는 의식과 지식의 본성을 망상적인 것으로 비판하는 핵심 근거가 되기 때문이다. 상상계는 라캉이 1936년 IPA 회의에 처음으로 참석하여 '거울단계'에 대해 발표하면서 라캉 이론에서 최초로 정식화되는 범주로서 초기 사유에서 중요한 역할을 한다. 라캉은 실체가 아닌 평면적인 이미지에 매혹되는 거울단계가 주체화를 가능하게 만드는 필연적인 계기이자, 인간의 모든 지식과 대상관계를 허구적인 것에 기초하게 만드는 지속적 작용임을 힘주어 강조한다. 주체가 '나'라는 자기의식을 갖고, 대상들을 자아를 중심으로 한 대상관계 속에 위치시킴으로써 자신의 세계를 건설할 수 있는 것은 상상계 덕분이다. 상상계는 주체를 소외시키고 기만하지만 주체가 타자와 맺는 관계에 불가피하게 내재할 수밖에 없는 위상학적 영역이다. 라캉은 상상계를 중심으로 공격성과 소외, 그리고 언어의 왜곡 현상을 설명한다. 상상계의 작용에서 중요한 것이 바로 거울 이미지에 대한 주체의 나르시시즘적 심리인데 이것이 주체화의 첫 번째 순간을 이룬다. 그러면 라캉이 『에크리』에서 상상계를 어떻게 설명하는지 몇몇 소주제를 중심으로 살펴보자. 『에크리』에서 상상계를 주제로 삼은 논문은 「거울단계」 「정신분석에 있어 공격성」 「다니엘 라가슈의 논문 '정신분석과 인격의 구조'에 대한 논평」 「정신적인 인과성에 대한 설명」 등이다.

**거울단계와 상상계**

원래 '거울단계'라는 개념은 프랑스 심리학자 왈롱에 의해 제안된 용어로 아이의 성장 과정에서 거울 속 이미지가 자아 형성의 토대가 되면서 외부 세계와의 소통을 가능하게 만들어준다는 심리학적 진화론을 말한다. 왈롱은 침팬지와 생후 6~8개월 정도 된 아이를 대상으로 한 실험에서 침팬지는 거울 속 이미지를 빨리 알아보지만 곧 싫증을 내는 반면, 아이는 자신의 이미지에 열광하는 것을 보고 이미지가 인격 발달에 결정적 역할을 한다는 것을 발견했다. 아이는 거울 속 이미지를 자아로 통합하고 외부 세계와의 관계에 자아라는 통일된 상을 내세움으로써 주체로 성숙한다. 심리학 이론에 의하면 거울단계는 아동이 자기 신체라는 개념을 획득하고 사회적 삶을 영위하기 위해 거치기 마련인 인격 발달의 한 과정을 말한다.

하지만 라캉은 왈롱이 강조한 거울단계의 중요성에 주목하면서도 심리학과는 다른 관점에서 차별적인 이론화를 시도한다. 라캉에 의하면 이미지에 대한 동일시를 통해 형성된 자아는 결코 통일되고 안정된 것이 아니라 오히려 주체의 소외와 분열을 가져온다. 이미지는 허구이기에 주체성을 형성하는 진정한 물질적 토대가 될 수 없기 때문이다. 이미지는 실제 세계의 충실한 반영인 것 같지만 실은 그것을 바라보는 주체의 욕망에 따라 그 가치가 부여된다. 이것이 주체가 투영하는 이미지에 매개되는 상상계가 쉽게 환상과 연결되는 이유이다.

거울 속 이미지를 마주하고 있는 아이는 아직 신체적으로 미숙하여 자기 몸을 완전하게 통제하지 못하는데 거울 속 이미지는 완벽함과 통일된 상으로 다가오고 아이는 그것이 자신의 이미지라는 것을 지각한다. 자신의 이미지를 대면하면서 아이는 외부 공간 속에 가시화되는 자신의 형상을 감각적으로 확인하기 때문에 커다란 환희와 안도감을 느낀다. 그러면서 아이는 완벽한 모습으로 거울 속에 비친 자신의 형상에 도취되는데 이것이 나르시시즘의 최초 순간이기도 하다. 아이는 환호하지만 아이가 이미지를 자신의 것으로 동일시하는 거울단계는 실제 몸의 감각과 그것에 대해 투영하는 이미지의 괴리가 은폐되는 순간이기도 하다. 이 시기 아이는 아직 운동신경과 몸의 운동 조절 능력이 미숙하여 실제 몸의 느낌은 통일되지 못함에 반하여 이미지는 완벽하게 보이기 때문이다. 하지만 타자적인 이미지에 자신을 일치시키는 것은 주체 구성 과정에서 불가피한데, 주체가 자신을 알아보는 것은 이미지의 매개를 통해서만 가능하다. 이런 타자적인 이미지의 역할에 대해 라캉은 '이마고'라는 명칭을 붙이는데, 그것은 한편으로는 주체를 소외시키면서 다른 한편으로는 자아 형성을 도와준다. 이마고는 거울에 비친 모습만을 지칭하는 것은 아니다. 아이가 마주하는 어머니의 얼굴이나 자신의 능력과 모습을 거울처럼 확인시켜주는 모든 대상이 이마고가 될 수 있다.

거울단계는 주체가 구성되는 최초 순간이자 이후 주체를 영원한 분열과 소외 속에 위치시키는 실질적 계기이다. 주체가 자기 자신에 대해 말하거나 생각할 때, 그리고 타자와 관계를 맺을 때 언제나 거울단계에서 기원하는 이자二者 관계가 작용한다. 다시 말해 주체가 사고하거나 외부를 의식하면서 행동할 때 언제나 자아가 주체를 대신하여 주인 행세를 하는데, 이 자아는 본질적으로 주체에 대해 타자이다. 자아는 초월적인 것이 아니라 거울이라는 외부 매체에 투영된 이미지를 자기 것으로 취하면서 사후에 발생한 것으로 주체의 신체적인 감각에서 기원하는 근원적 불안감을 완전하게 해소시켜주지 못한다. 신체적으로 미숙한 아이가 느끼는 조각난 몸의 환상 같은 것이 바로 근원적 불안감이다. 주체와 자아의 이러한 대립적 관계 때문에 라캉은 자기의식의 기만적이고 허위적인 속성을 강조하면서 코기토에서 비롯되는 모든 철학에 반대한다고 선언하게 된다. 코기토는 이미지에서 비롯된 자아를 모든 진리의 확실한 출발점으로 설정하기 때문이다.

라캉에 의하면 인간이 갖는 공격성의 근원에는 타자화된 모습으로 마주하는 자신의 이미지에 대한 주체의 적대감과 불안이 깔려 있다. 이 생각은 나중에 '주체 분열'이라는 개념으로 발전한다. 거울단계는 사유를 포함하여 주체가 대상을 대하는 모든 관계에 자아/타자라는 이자 대립 구조를 끼워 넣는다. 라캉은 『햄릿』의 마지막 장에서 볼 수 있는 햄릿과 레어티스의 결투가 이러한 이자 관계에 대한 훌륭한 비유라고 설명한다. 햄릿이 보여주는 레어티스에 대한 마지막 찬사는 가식이 아니다. 햄릿은 그에게서 명예를 위해, 그리고 사랑하는 이의 복수를 위해 죽음을 무릅쓰고 결투에 임하는 햄릿 자신의 아름다운 모습을 보는 것이다. 레어티스는 햄릿의 거울이자 그림자이며, 동시에 파괴하고 싶은 대상이다. 거울단계는 이미지에 대한 나르시시즘적 환호와 적대적 불안감, 환상과 그것의 파열 등 모순적인 양면성을 갖는데 이러한 것들이 주체가 몸담는 현실 세계에 깔려 있다.

거울단계는 자아가 필연적인 오해의 산물이며 주체가 소외되는 장소이지만 그럼에도 주체는 그 과정을 거칠 수밖에 없음을 보여준다. 거울단계는 주체의 기원뿐 아니라 세계의 본성도 설명해주는데 상상계라는 말이 바로 그것이다. 상상적이라는 말은 가상이나 거짓이라는 의미가 아니다. 그것은 이미지들을 매개로 구성되는 주체의 현실 세계를 말하며 의미의 세계이기도 하다. 상상계는 동일시에 의해 구성되기 때문에 소외와 기만을 가져오지만 그렇다고 해서 폐기되거나 극복될 수 있는 대상이 아니다. 라캉은 상상계, 상징계, 실재계의 세 가지 구분을 강조하면서도 그 모든 것이 필연적인 상호 연관을 이루고 있다고 강조한다. 상상계는 주체가 자신의 이미지와 맺는 이자 관계에 뿌리를 두고 있는 것으로 주체에게 완전성과 통합의 환상을 주며 세계에 대해 생각할 때 모든 것을 대상화하는 표상적 태도를 갖게 만든다. 상상계는 주체가 구성될 때 가장 먼저 작용하지만, 그것이 구조화되고 주체에게 받아들여지는 것은 상징계의 작용에 의해 가능하다. 라캉이 상상계에 대한 상징계의 우월성을 강조하는 이유는 언어적인 것의 개입에 의해서 상상계적 동일시도 확증되기 때문이다. 그리고 개인의 경험이나 감각에 대해 그것을 질서 지우고 규정하는 순수 형식과 외부 법칙이 더 본질적이라는 합리주의적 입장도 깔려 있다.

상상계는 또한 언어에서 의미의 작용을 일컫기도 한다. 언어가 소통되고 의사 전달의 매개가 될 수 있는 것은 상상계의 작용인 시니피에, 즉 기의가 있기 때문이다. 언어의 의미는 상상계 작용에 의해 가능하다. 의미 형성과 전달에서 상상계에 속하는 이미지의 작용과 대상화가 작용하기 때문이다. 그러나 언어의 한 축인 상상계적 차원은 동시에 언어의 장벽으로 작용하여 인간 상호 간 진정한 의사소통을 방해하기도 한다. 라캉은 이를 L도식[26]을 통해 설명한다. 152쪽 그림이 L도식이다.

L도식에서 S로 표기된 주체와 A로 표기된 언어의 장소인 대타자의 직접적 소통은 불가능한데 그것은 상상계의 축인 자아와 타자(a와 a′)에 의해 교란되기 때문이다. 실제로 '너와 나'라는 상상적 축으로 맺어지지 않는 대화는 가능하지 않다. 독백조차도 그것을 듣고 있는 타자를 전제하기 때문이다. 그러나 정신분석의 진정한 목표는 상상계적 관계에 머물지

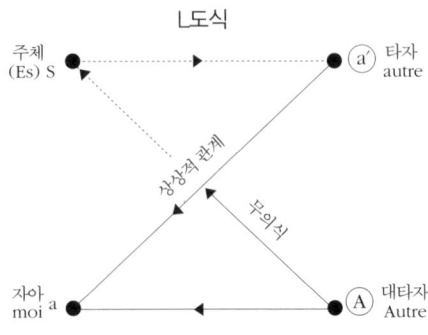

출처: Jacques Lacan, Écrits, Seuil, Paris, 1966.

않고 상징계의 작용에 주목하는 것이다.

### 자아 형성과 기능

주체는 거울단계를 거치면서 나와 너라는 상호 주체성의 구조에서 가시화되는 주체성을 획득한다. 이 가시화된 주체성을 자아 혹은 에고라 부를 수 있다. 자아는 앞에서 언급한 것처럼 본질상 상상계에 속하는 것으로 진정한 주체에 대해 타자적인 성격을 갖는다. 라캉은 이렇듯 주체가 본질상 타자인 자아를 매개로 구성됨을 '타자를 위해' '타자처럼' '타자를 통해'[27]라는 용어로 설명한다. 주체는 거울을 통해 자신의 형상과 그 옆에 자리 잡고 있는 타자의 모습을 확인한다. 주체가 타자의 몸짓 혹은 표정을 통해 타자가 상대하는 이미지가 바로 자신임을 발견하는 순간이 가시적 공간에서 주체성이 실현되는 최초 순간이다. 그 이전까지 원초적인 신체 감각에만 사로잡혀 있던 주체는 비로소 자신을 외화된 이미지 속에서 알아보며 이것에 동일시하는 것이다. 이것이 자아가 형성되는 과정이며, 자아가 형성되면 자아에 의해 외부 세계와의 대상적 관계가 본격적으로 가능해진다.

하지만 자아 형성은 거울단계에서 보듯 타자적인 이미지의 개입에 의해 가능해진다. 이것은 주체가 자신을 알아보는 과정이 철학자들이 가정하듯 자명한 것이 아니라 근본적으로 오인으로 귀결될 수밖에 없다는 말이다. 다시 말해 자아는 타자와의 관계를 유지하기 위해 설정되는 축이며, 신체를 반영하는 이미지를 매개로 구성되는 것으로 주체에 대해 타자처럼 작용하면서 주체를 소외시킨다는 말이다. 이것이 주체가 겪을 수밖에 없는 소외의 운명이다. 라캉은 상호 주체성의 관계에서 주체가 자기를 드러내려 할 때 필연적으로 상상적 차원인 '자아'와 진정한 주체의 차원인 '나'로 분열이 일어남을 지적한다. 이 분열은 구조적인 것으로 언어학자들이 담론 구조에서 주목한 '언표 주체'와 '언술 행위의 주체'의 분열에도 상응한다. 언어는 언제나 주체를 분열시키는 이중화된 구조라는 것은 언어학자들이 이미 주목한 현상이다.

라캉은 주체 분열의 논리를 통해 자아의 허구성과 주체 소외를 설명한다. 주체가 소외된다는 것은 진정한 주체, 즉 무의식의 주체가 에고 속에 감춰진다는 말이다. 데카르트가 철학의 제일 확실한 토대로 확립한 코기토를 라캉이 비판하면서 그것이 상상계에 속하는 기만적인 것이라 말하는 것은 자아가 주체를 소외시키는 이미지이기 때문이다. 라캉에 따르면 '내가 생각한다'는 것은 생각하는 내 모습을 거울처럼 관조하면서 이 자아를 중심으로 대상들을 늘어놓을 때에만 가능해진다. 코기토란 자아를 실체처럼 가정하고 그 자아가 생각하고 있다고 착각하는 것에 불과하며, 그러한 자아 위에 세계를 건설하는 것이기에 보편적이고 흔들림 없는 진리를 가능하게 만드는 진정한 토대가 될 수 없는 것이다. 모든 철학의 주체는 데카르트의 코기토의 맥을 잇고 있으며 사유와 존재의 일치를 전제할 수밖에 없기에 철학이야말로 망상적 성격을 갖는다는 것이 라캉의 생각이다. 라캉이 지식과 철학이 편집증적인 성격을 갖는다고 비판하는 것은 그 출발점에 자기를 관조하는 자아를 절대적인 근거로 놓고 있기 때문이다.

그러나 자아는 외부 대상과 관계를 맺기 위해 주체가 어쩔 수 없이 뒤집어쓸 수밖에 없는 가면이기도 하다. 주체가 상상계에서 고정되는 특정한 지점이 없으면 자아와의 관계를 중심으로 전개되는 표상화가 가능해지지 않게 되며, 결국 지식의 형성이 불가능해지기 때문이다. 언어가 출발하기 위해서는 먼저 언표 주체인 내가 상징계의 공간에 일정한 자리를 잡고 있어야 한다. 자아란 소외의 구조이지만 상징계 내에 있는 주체에 자리를 잡을 때 주체의 가시적 토대처럼 불가피하게 요청되는 주체의 상상적 대리인이기도 하다.

그럼 이상의 논의를 토대로 자아 구성 과정에서 동일시가 어떻게 작동하는지 정리해보도록 하자.

**상상적 동일시와 상징적 동일시**

라캉은 상상적 동일시와 상징적 동일시를 구분하는데 각각에 상응하는 대상이 있다. 상상적 동일시가 이상화된 자아를 대상으로 삼는다면, 상징적 동일시는 자아 이상을 대상으로 삼는다. 라캉은 오이디푸스콤플렉스가 해소되면서 초자아가 형성될 때 자아 이상이 작용한다고 프로이트가 설명한 것을 더 세분화한다. 동일시의 모델을 자아 이상과 이상적 자아로 나눈 후 이를 「다니엘 라가슈의 논문 '정신분석과 인격의 구조'에 대한 논평」에서 '광학 모델'을 사용하여 비유적으로 설명하기도 한다.

① 상상적 동일시

상상적 동일시란 최초 동일시라고도 하며 거울단계에서 주체가 자신의 이미지에 매혹되면서 그것에 도취되는 것을 말한다. 이때 거울 속에 비친 이미지는 이상적 자아의 역할을 한다. 그것은 자아에 대해 이상화된 단위로 기능하며, 아직 무수하게 분열된 부분 충동에 시달리는 주체에게 통일된 신체와 안정적인 자아를 약속한다. 그리고 나중에 이차 동일시가 이루어질 때 이상적 자아는 주체에게 존재감을 느끼게 해주는 상상적 토대로서 상징적 동일시를 지원한다. 이상적 자아는 한편으로는 주체에게 성애적 만족감을 심어주며, 다른 한편으로는 주체를 소외시키면서 공격성을 유발하는 원인이 된다. 이러한 양가성은 기본적으로 주체가 자신과 닮은 대상에 대해 느끼는 경쟁심과 위협감에서 비롯된다. 특히 공격성은 주체가 부분 충동 때문에 느끼는 조각난 몸의 환상을 상상적 동일시를 통해 완전히 제거하지 못하기 때문에 발생한다. 광학 모델에서 이상적 자아는 실재 이미지와 연관된다. 실재 이미지란 오목거울에 의해 투영되어 삼차원의 공간에 투영된 꽃을 말하며 그것이 평면거울을 통해 가상의 공간에 투영될 때 가상 이미지가 된다.[28] 실재 이미지와 가상 이미지 사이에는 리비도의 여분이 있을 수밖에 없는데 환상 대상 a는 여기에 깃든다. 실재 이미지이든 가상 이미지이든 그것은 거울을 통해 매개된 이미지일 뿐이기에 기본적으로 환상적일 수밖에 없다. 내가 손을 내밀어 그것을 잡으려 하면 없어지는 게 이미지이기 때문인데 우리 몸에 대한 주체의 관계도 그와 같다고 라캉은 말한다.

결국 이미지에 대한 상상적 동일시는 언제나 불완전할 수밖에 없는데 그것이 상상적 자아에 의해 지탱되기 때문이다. 상상적 동일시는 상징적 동일시에 의해 보완되면서 현실을 구성하는 토대가 된다.

② 상징적 동일시

상징적 동일시는 이차 동일시라고도 하며 오이디푸스콤플렉스 마지막 단계에 이루어지는 아버지에 대한 동일시를 말한다. 상징적 동일시는 아버지의 이미지에 대한 심리적 동일시가 아니라 아버지를 지칭하는 하나의 기표에 대한 무조건적 동일시를 의미한다. 상징적 동일시는 주체가 아버지의 법인 거세를 수용하면서 상징계로 진입하는 것을 말하는데, 이를 통해 주체는 상상계의 이자 관계가 주는 불안함을 극복한다. 이때 자아 이상의 역할이 중요한데 자아 이상은 이상적 자아와 달리 상징계에 속하는 것으로 시니피앙들에 의해 규정되는 심리적 실체를 말한다. 예컨대 부모가 남자 아이에게 기대하는 '씩씩함' '강인함' 같은 사회적, 도덕적인 가치들이나 '장남' '종손' 같은 가족 내의 계보 등이 자아 이상을 구성한다. 아이는 자아 이상을 지시하는 시니피앙 연쇄를 수용함으로써 상징계 내에서 주체로서 자리 잡게 되기에 상징적 동일시는 주체화의 완성이라 할 만하다.

라캉은 1961년부터는 상징적 동일시를 시니피앙에 대한 동일시라고 분명하게 말한다. 주체가 고정되는 시니피앙은 상징계를 지탱해주는 대타자로부터 온다. 그것은 대타자로부터 오는 목소리이기도 하다. 나중에 라캉은 '아버지의 이름'이라는 용어로 주체가 동일시하는 시니피앙을 구체화한다. 상징적 동일시는 주체 구성을 가능하게 해주며 담론의 공간 속에서 주체의 자리를 확보해준다. 하지만 궁극적으로 상징적 동일시도 소외를 낳을 수밖에 없는데 시니피앙이 주체를 대리하는 물적 단위이기는 하지만 완전한 존재성을 보장하지는 못하기 때문이다. 시니피앙에 의한 주체 구성은 존재 결여를 대가로 이루어지는 것이기에 상징적 동일시는 욕망이 출발하는 조건이기도 하다.

동일시 이론을 통해 라캉은 주체가 자명하게 주어진 전제前提가 아니라 후천적 산물이라고 강조한다. 더구나 주체는 구성 단계에서부터 타자적인 차원에 의존한다. 준거점으로서 주체가 선행하지 않듯이 욕망도 주체의 내적 갈망이 아니라 타자와의 관계에서 비롯되는 것이다.

# 주체 분열과 진리 개념

철학자 장뤽 낭시(Jean-Luc Nancy, 1940~ )가 지적한 것처럼 라캉의 특이성은 정신분석을 진리를 새롭게 개념화하는 학문으로 위상 정립한 것이다. 그 이전까지 진리는 주로 철학의 핵심 주제처럼 간주되었는데 라캉은 진리를 다른 시각으로 정의한다. 라캉에 따르면 진리는 초월적인 것에 대한 앎(형이상학)이거나 사고와 대상의 일치(인식론)가 아니라, 주체의 욕망을 그 자체로 드러내는 것이다. 주체가 말하는 주체라고 정의되는 것처럼 진리도 역시 언어를 통해서 표현되므로 진리의 목소리에 세심하게 귀 기울이는 것[29]이 필요하다. 그런데 진리는 명확함이나 논리적 사고를 통해 전달되는 게 아니라, 역설적으로 거짓과 의도성을 벗어나는 실수들을 통해 언제나 불현듯 나타나므로 의식적 사유는 진리를 놓치기 마련이다. 진리가 이렇듯 우회로를 거치는 것은 진리 효과가 주체 분열과 연관되기 때문이다. 언어는 담론의 구조 속에서 언표 주체와 언술 행위의 주체로 주체성을 분열시키는데, 언술 행위의 주체는 의미 속에서 늘 배제된다. 언술 행위의 주체가 라캉이 말하는 욕망의 주체 혹은 무의식의 주체이다. 욕망의 진리를 제대로 사고하기 위해서는 그러므로 주체 분열의 논리에 입각해서 '진정한 주체'의 자리를 봐야 한다.

**주체 분열의 논리**

밀레가 쓴 『에크리』의 부록 '주요 개념들의 체계적 색인' II장을 보면 주체의 구조에 대한 색인을 볼 수 있는데 주체 분열의 논리가 중심 주제이다. 주체 분열이란 담론 속에서 주체가 언표 주체와 언술 행위의 주체라는 두 심급으로 나뉘며, 그에 따라 담론도 이중화된다는 논리이다. 흔히 철학에서 말하는 코기토, 즉 사유하는 주체란 실상은 담론 공간에 자리 잡고 있는 시니피앙의 주체, 즉 언표 주체를 말한다. 반면에 정신분석에서 말하는 무의식 주체는 담론 공간 속에서는 보이지 않는 주체를 말하는데 라캉은 둘의 구별을 강조한다. 라캉이 주체의 중요성에 대해 말할 때 그 주체가 언표화된 시니피앙의 주체만을 가리키는 것이 아님은 분명하다. 라캉 스스로 '진짜 주체'[30] '주체 내의 주체'[31] 등의 표현을 여러 곳에서 쓰면서 진정한 주체는 시니피앙에 의해 억압되고 사라지면서도 사라짐을 통해 역설적으로 자신을 드러낸다고 강조하고 있기 때문이다.

그러나 이 두 주체가 형태적으로 완전하게 구분되는 것이 아니며, 서로 대립되기는 하지만 완전히 분리되지도 않는다. 오히려 담론 속에서 하나의 주체가 드러날 때 또 하나가 사라지는 식으로 현존과 부재의 동시성에 입각해서 주체를 이해해야 한다.

① 진짜 주체

라캉은 거울단계를 통해 상상계의 기만적 본성에 대해 말할 때부터 이미 자아와 주체의 구분을 강조했다. 시니피앙의 논리와 더불어 주체와 언어의 관계에 대한 라캉의 사유는 더욱 심화되고 주체 분열 논리도 이에 따라 정교해진다. 존재, 무, 결여 등 여러 개념을 동원하면서 라캉은 무의식 주체의 본질과 위상에 대해 파헤친다. 라캉은 주체가 시니피앙의 효과라고 말함으로써 언어적 인과성을 인정하면서도 언어에서 벗어나는 주체의 고유한 차원에 대한 통찰 역시 발전시킨다. 1950년대에 라캉이 후기 하이데거 철학에 관심[32]을 갖게 된 것도 그 때문인데, 후기 하이데거가 존재와 언어의 관계를 탐구의 주제로 삼았기 때문이다. 라캉은 '언어가 존재의 집이다.'라는 생각이나 존재의 현시로서 정의되는 '알레테이아 Aletheia'[33]라는 하이데거의 개념에 많은 공감을 표시했다. 하지만 라캉이 말하는 주체 분열의 논리가 하이데거의 존재, 존재자의 구별과 전적으로 동일하지는 않다. 무엇보다 라캉은 주체 분열을 시니피앙 논리와 연관시켜 이야기하며, 언어 이전의 순수 존재를 가정하지는 않기 때문이다.

시니피앙 논리에 따르면 주체는 시니피앙에 의해 대리되면서 상징적 질서 속에서 존재성을 획득하지만, 이것은 동시에 주체의 사라짐을 가져온다. 이것에 대해 라캉은 다음처럼 말한다.

> 첫 번째 시니피앙이 또 다른 시니피앙을 위해 주체를 대리하는데 이 시니피앙은 주체를 사라지게 만드는 효과를 갖는다. 여기에 주체의 분열이 있다. 주체가 한 곳에서 의미로서 나타날 때 다른 곳에서 주체는 사라짐처럼 소실로서 스스로를 드러내는 것이다.[34]

주체는 현존과 부재의 동시성 속에서만 진정한 본성이 파악된다. 주체의 현존이 없다면 부재도 없는 것이다. 부재의 효과를 느끼게 해주는 것이 바로 상징계로, 상징계 없이는 아무것도 말할 수 없다. 그런데 상징계는 그 속성상 주체 상호 간 구조에서 시니피앙에 의해 대리된 언표 주체를 진정한 주체처럼 설정할 수밖에 없는데, 그것이 의사소통을 가능하게 만들기 때문이다. 그러나 욕망과 무의식의 논리에서는 사라지는 주체가 더 본질적이다. 이 사라지는 주체가 바로 라캉이 주체 분열을 통해 보여주려는 것으로 그것은 상징계가 보이는 틈이기도 하다. 물론 라캉이 두 가지 주체를 내세운 후 한쪽을 선택해야 한다고 말하는 것은 절대로 아니다. 하지만 정신분석이 욕망의 윤리학이 되어야 한다고 라캉이 말할 때 이것은 진정한 주체를 찾아야 한다는 입장에 다름 아니다. 욕망의 윤리는 프로이트가 『새로운 정신분석 강의』에서 남긴 말에 대한 라캉의 재해석을 통해 강조된다. 라캉은 "*Wo es war, soll Ich werden.*"을 "자아가 이드를 대신해야 한다."식으로 해석하지 않고, "진정한 주체인 내가 그것이 있던 곳에 도달해야만 한다."로 해석한다.[35]

이 주체는 프로이트가 무의식의 실체처럼 언급하는 이드나 욕망의 동력인 리비도 에너지를 말하는 게 아니다. 그것은 부성 은유가 이루어질 때 시니피앙에 의해 거세되어 영원히 상실된 물(Ding)의 형상으로만 나타나는 존재를 말한다. 이 존재는 상징계가 작동할 때마다 그곳에서 무無로서 자신을 드러내는 주체의 빈자리이다. 욕망은 그 자리를 향한다. 그러기에 라캉은 욕망을 '존재에 대한 열정'[36]이라고 정의하면서, 존재를 폭로하고 드러내는 진리의 차원을 욕망에서 중시하는 것이다. 존재란 시니피앙에 의해 제거되었지만 사라지지 않는 주체의 근원적 차원, 예컨대 원초적 몸 같은 것이다. 주체는 말에 의존하지 않고서는 자신의 몸이나 존재에 대해 탐구할 수 없게 되기에 언어는 존재의 조건이 된다. 그러나 주체는 상징계로 들어가면서 존재를 거세당할 수밖에 없는데 이것은 주체의 근본적 운명이다.

라캉이 욕망의 윤리를 통해 강조하는 것은 상징계를 벗어나라는 주문이 아니다. 그것은 말하는 주체에게 원칙적으로 불가능한 일이다. 다만 시니피앙의 연쇄에 사로잡혀 있는 언표 주체를 진리의 담지자로 잘못 인식하지 말고, 그것에서 빠져나가면서 끊임없이 자신을 알리는 존재의 목소리에 귀를 기울이라는 것이다. 이 존재는 상징계보다는 실재계에 더 가깝다고 할 수 있다. 언어와 존재의 이러한 역설적 관계를 라캉은 소외와 분리라는 용어를 통해 자세히 설명한다.

② 소외와 분리

라캉이 세미나 XI 『정신분석의 네 가지 근본 개념』의 한 장에서 도식과 더불어 설명하는 '소외와 분리'[37]는 욕망하는 주체를 구성하는 핵심 과정이다. '소외와 분리'는 둘 다 주체 분열의 논리와 연관되는데, 소외가 존재 상실과 오인의 수동적 경험이라면, 분리는 결여를 적극적으로 떠안는 능동적 과정이라 할 수 있다. 그리고 소외가 상징계의 전능성을 보여준다면 분리는 그것에 대한 주체의 대항과 존재를 향한 의지를 보여준다. 상징계로 진입할 때 주체에게는 선택의 여지가 없다. 이것을 라캉은 강도의 비유를 통해 설명한다. 강도가 칼을 겨누면서 "돈을 내놓을래? 목숨을 내놓을래?" 하고 물을 때 형식적으로는 선택권을 주는 것 같지만 사실은 돈을 내줄 수밖에 없다. 목숨을 내놓는다고 했다가는 둘 다를 잃기 때문이다. 이렇게 강요된 불합리한 선택, 혹은 피할 수 없는 선택이 상징계의 법인데 주체는 상징계를 떠나서는 존재할 수 없기 때문이다. 주체는 상징계가 부과하는 시니피앙의 논리를 받아들임으로써 세계 내에서 의미를 획득하지만 존재는 무의미의 영역으로 대타자의 영역에 구멍처럼 남는다. 아래 그림을 보자.

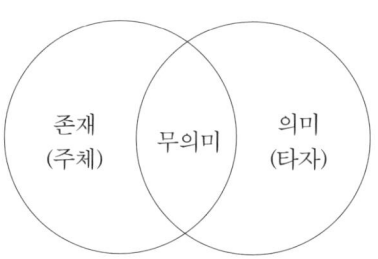

이 그림에서 의미는 타자에게 속해 있고 그것에서 벗어난 본래 존재(왼쪽 원)는 무의미이다. 주체는 상징계의 법을 수용하면서 대타자의 장에서 의미를 얻는다. 다시 말해 상징계에서 주체는 의미를 운반하는 언표 주체의 지위를 획득한다. 그러나 주체의 일부분은 상징계 속에서 여전히 무의미로 남을 수밖에 없는데, 라캉이 말하는 무의식 주체의 진정한 자리가 바로 여기이다. 그것(두 원이 겹치는 부분으로 무의미라고 표시되어 있는 곳)은 한편으로는 대타자의 장場인 상징계에 속하면서 또 한편으로는 의미화를 벗어나는 존재 양쪽에 발을 딛고 있다. 무의식은 여기에서 상징계의 통제를 벗어나고 안정성을 뒤흔들면서 상징계 내에 단절을 가져오는 효과로서 나타난다.

주체가 상징계로 들어가게 될 때 존재가 타자적 이미지와 언어에 종속되면서 소외된다. 소외를 겪는 주체를 라캉은 연산식 $を로 표기하는데 시니피앙에 의해 존재가 지워진다는 뜻이다. 이것은 상징계의 질서가 무의미인 존재를 억압할 때 가능해지기 때문에 주체 구성이 이루어질 때 소외는 주체의 본질적 운명이 된다.[38] 주체는 상징계에서 의미 주체로 태어나지만 존재를 배제하고 억압할 때 그것이 가능해지므로 주체 탄생은 소외를 대가로 지불할 수밖에 없다. 그렇기 때문에 라캉은 "주체는 항상 대타자 속에서 실현되지만 절반을 잃어

버린다."라고 말한다. 그러나 주체는 소외에만 머물지 않으며 자신의 빈자리를 되찾으면서 욕망하는 주체로 태어나는데 그것이 두 번째 작용인 분리이다.

분리는 상징계에서 배제된 존재를 적극적으로 대타자의 빈 공간 속에서 되찾으려는 주체의 적극적 노력이다. 대타자의 호출에 응하여 상징계로 들어가는 순간 주체는 존재의 사라짐을 소외라는 형태로 경험하는데, 이제 주체는 소외에 대해 능동적으로 대응한다. 주체는 분리를 통해 자신의 일부분이 무의미로 남아 있다는 것, 즉 소외되어 있다는 것을 무대화한다. 분리의 대상이 되는 몫은 대타자의 시니피앙을 수용하면서 희생한 부분이자 타인의 향유를 위해 제공된 부분이기도 하다. 그러나 시니피앙의 연쇄에 의존하는 것은 주체의 소외를 심화시킬 뿐이지 진정한 주체성을 보장하지 못한다. 이제 주체는 시니피앙의 연쇄가 주체에게 강요한 소외 속에서 잃어버린 존재를 발견하면서 자신을 되찾을 가능성을 찾는다. 그럼으로써 자신을 굴복시켰던 시니피앙의 연쇄로부터 자신을 보호하고 소외를 넘어 주체화를 완수한다. 이것은 대타자 속에 있는 결여를 주체 자신의 결여로 취하면서 능동적으로 대처하는 과정이다. 주체는 상징계로 들어가면서 대타자 역시 결여된 존재라는 것을 깨닫는다. 그림에서 보듯 무의미는 주체와 대타자가 공통으로 안고 있는 부분이기 때문이다. 대타자의 결여를 알게 되는 것이 분리의 전제를 이루는데 상징계에서 배제되는 존재를 보게 해주기 때문이다.

주체는 이제 상징계가 강요하는 상실을 인정하면서 거기에서부터 진정한 자신의 존재를 찾고자 한다. 그것은 환상을 통해서 결여를 자신의 본질로 수용할 때에만 가능해진다. 이처럼 주체는 무의미의 공간에 욕망이 투영되는 환상 대상 a를 놓음으로써 존재 결여의 불안에 대처하려고 한다. 라캉은 라틴어 동사 'Separare'가 'se parare', 즉 '자기 자신을 산출한다'의 뜻으로 분할된다고 설명하면서 자신의 일부를 상징계적 질서에 떨어뜨린 후 그곳에서 다시 되찾는 것이 분리의 본질임을 역설한다. 그렇기 때문에 분리는 소외의 귀환처럼 공식화되는데, 소외의 빈자리에 욕망의 대상을 놓는다는 의미에서 그렇다. 분리는 상징계에서 배제되는 진정한 주체의 자리를 파악하는 것이라고 할 수 있는데 이것이 바로 라캉이 말하는 진리의 본질적 내용이다.

### 진리 개념

정신분석 치료는 피분석가가 자기 욕망의 진실에 대해 알 수 있게 도와주는 것이다. 라캉이 말하는 진리는 언제나 욕망과 관련된 것이며 합리성이나 사태에 대한 실증적 판단과는 거리가 멀다. 그러기에 속이는 말이라 할지라도 주체가 그것을 통해 무의식적 욕망을 드러낸다면 이것은 진리가 되는 것이다. 분석의 상황을 통해 라캉은 이것을 설명한다. 가령 피분석가가 분석가에게 "저는 당신을 속이고 있습니다."라고 말하면서 분석에 저항한다면 그의 말은 무가치한 게 아니라 반대로 진리를 드러낸다. 이 말을 듣는 분석가는 "당신이 저를 속인다고 말하지만 그 말은 당신이 무언가를 표현하고 싶다는 뜻이고 그렇게 함으로써 당신은 진리를 말하고 있습니다."[39]라고 대답할 수 있는 것이다. 물론 피분석가는 자신이 말하고자 하는 바를 정확히 모르는데 분석가는 이 경우 피분석가가 진실을 말하도록 도와주어야 한다. 진리란 상호 주체성의 과정 속에서 만들어지는 것이지 고립된 주체에 의해 발견되는 죽은 지식이 아니다.

그런데 진리는 분석 상황에서만 발견되는 게 아니라 모든 일상적인 말 속에서 찾을 수 있다. 진리란 무의식적 담론을 통해 드러나지만 의식적 담론이 지배하는 현실에 뿌리를 두고 있다. 라캉은 "진리가 자신을 보증할 수 있는 것은 그것이 관계하는 현실로부터이다."[40]라고 말한다. 그러기에 진리의 문제도 주체 분열 논리, 즉 주체의 현존과 부재의 변증법에 연관된다. 상징계는 주체를 소외시키고 욕망에 대해 알 수 없게 만들지만 우리는 상징계를 통하지 않고서는 진리나 욕망에 전혀 다가갈 수 없다. 이것이 진리의 역설이기도 하다.

라캉은 이 상황을 가리켜 "정신이 활개를 펴려고 할 때면 문자가 죽인다."[41]라고 말한다. 다시 말해 진리를 진리로만 말할 수 있게 해주는 초월적 언어는 없다는 뜻이다. 이 말은 '대타자의 대타자란 없다'는 다른 정식과도 통한다. 그렇기 때문에 오히려 말의 의미가 비틀어질 때 혹은 거짓말이나 오류 등으로 흐를 때가 더 욕망하는 주체의 진실에 훨씬 가까운 것이다.

슬라보예 지젝(Slavoj Žižek, 1949~ )은 진리의 이러한 역설을 하나의 예화를 통해 생생하게 묘사하고 있다. 스탈린 치하 공포정치 시대를 살고 있는 두 소녀가 대화를 나눈다. "내가 아스파라거스를 좋아하지 않아서 정말 다행이야. 만약 좋아했다면 그것을 먹어야만 하잖아? 그건 정말 참을 수 없어!"[42] 여기에서 조금만 주의를 기울이면 언표 주체와 언술 행위 주체가 극명하게 대립되는 것을 볼 수 있다. 부르주아적인 풍속을 억압하는 사회체제에서 소녀는 자신이 아스파라거스를 좋아하지 않는다고 말한다. 하지만 이 대화를 듣는 사람들은 이 소녀가 말과는 달리 실제로는 아스파라거스를 욕망한다는 것을 알 수 있다. 이것이 바로 담론 속에서 감춰지면서 드러나는 무의식 주체의 역설적 위치이다. 두 주체의 분열은 언어적 속성이기도 하고 사유와 존재가 불일치하기 때문에 발생하기도 한다.

나중에 라캉은 사유와 존재의 분열을 데카르트의 코기토 공식을 뒤집는 데 활용한다. 라캉은 "나는 사유한다. 고로 존재한다."를 "나는 사유하는 곳에서 존재하지 않고 존재하는 곳에서 사유하지 않는다."[43]로 바꾼다. 거울단계의 자아를 중심에 두는 사유는 주체의 진정한 자리를 볼 수 없기 때문이다. 사유 주체 혹은 언표 주체가 도달할 수 없는 곳, 그곳은 존재의 영역이자 실재의 영역이다. 라캉에게 진리의 문제는 말하는 사태와 관계되지만 궁극적으로 상징계의 쾌락원리를 넘어 존재하는 실재와 그것의 향유를 향한다. 1970년대 이후 라캉이 보로메오 매듭이나 위상학적 도형에 매달리는 것도 진리 문제를 상상계와 상징계의 왜곡을 피하면서 설명하고자 하는 고육지책이라고 할 수 있다. 이렇듯 진리의 문제는 주체 분열 속에서 주체의 자리, 즉 궁극적으로 실재를 드러내는 것과 연관된다.

# 대타자와 무의식

 라캉은 무의식을 언어적 구조로 정의하면서 프로이트의 정신분석학을 새롭게 혁신하는데 그것을 집약한 표현이 바로 "무의식은 대타자의 담론이다."라는 말이다. 라캉은 무의식의 장소가 되는 대타자를 상상적 관계의 축인 소타자와 구별하는 것이 분석의 핵심이라고 강조한다. 대타자의 절대성은 "인간의 욕망은 대타자의 욕망이다."라는 말에서도 강조된다. 대타자와 소타자의 구별은 라캉이 IPA의 주류 경향과 자아심리학에 맞서 싸우는 강력한 이론적 토대가 된다. 1950년대 초만 해도 라캉은 타자 개념을 엄격하게 구별하지 않았으나[44] 이후 상징계와 시니피앙 논리가 정교하게 발전하면서 대타자는 라캉 이론의 핵심 용어 중 하나가 된다. 라캉이 말하는 무의식의 언어적 본성을 잘 이해하기 위해서는 대타자와 소타자를 구별하면서 그것이 주체 상호 간 관계에서 어떻게 작용하는지를 잘 봐야 한다.

**대타자와 소타자**

① L 도식과 상호 주체성

대타자와 소타자의 구별은 단순한 개념적 차별화 이상으로 임상에서 중요한데 분석의 목표가 상상적 동일시가 아닌 상징적 동일시 속에서 주체의 욕망을 제대로 찾는 것과 관계되기 때문이다. 이것을 라캉은 다음과 같이 말한다.

> 내가 만약 문자와 존재에 대해 말하고, 소타자와 대타자를 구별한다면 그것은 프로이트가 그 개념들을 저항과 전이의 효과와 연관되는 용어들처럼 제시했기 때문이다. [······] 그것은 또한 다른 사람들이 용어 속에서 혼란을 겪지 않도록 내가 그들을 도와줘야 하기 때문이다.[45]

물론 프로이트는 소타자, 대타자를 구별하지 않았지만 라캉은 상상계, 상징계의 서로 다른 작용과 효과를 설명하기 위해 두 개념을 구별하면서 이를 프로이트의 발견처럼 강조하고 있다. 저항과 전이는 특히 분석 과정에서 피분석가와 분석가 사이에서 나타나는데 그 본질적 의미들이 파악되기 위해서는 이를 구조적 차원에서 파악할 필요가 있다. 주체가 다른 주체와 관계를 맺는 구조를 라캉은 L도식을 통해 설명하고 있다. 다시 L도식[46]을 보자.

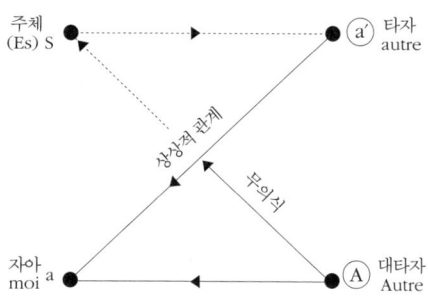

도식에서 S는 주체, A는 대타자를 지칭한다. 그리고 a′는 주체가 마주하는 소타자, a는 자아를 의미한다. 라캉은 소타자를 유사자란 용어로도 지칭하는데 이는 자아의 파트너로 설정된 타자를 말한다. 유사자는 절대 대타자가 아니다. 한 주체가 또 한 주체를 만날 때 보통 S와 A의 관계라고 착각하지만, A는 타자가 아니라 주체들이 공통적으로 언어를 가져오는 제3의 장소이기 때문이다. 우리는 a′라는 타자를 통해 언어를 배우고 그와 대화를 하기에 그것을 대타자로 착각하지만 대타자와 주체의 직접적 만남은 불가능하다. 더구나 주체가 자기 자신이라고 생각하는 것도 사실은 거울에 비친 모습에서 비롯되는 자아일 뿐이다. 이렇듯 주체 상호 간의 만남은 언어를 매개로 하지만 상상계의 축인 a와 a′에 의해 관통되면서 변질을 겪는다. 무의식이 발생하는 지점이 바로 여기인데 그림에서 보면 대타자에서 나온 직선이 상상계의 축을 거치면서 점선으로 표시된다. 의미화의 작용에는 상상계의 개입이 불가피하게 작용하기 때문에 대타자의 말의 한 부분은 언제나 주체를 벗어나는 알 수 없는 지식이 되는데 이것이 바로 무의식이라 할 수 있다. "무의식은 대타자의 담론이다."라는 말도 같은 맥락에서 이해될 수 있다. 주체가 알 수 없는 말의 효과, 주체가 의식하지 못하면서 반복하는 말의 작용이 바로 라캉적 무의식인 것이다. 그러기에 라캉에게는 언어가 무의식의 조건을 이루는 것이지 그 반대는 아닌 것이다.

상징계의 만남이 상상계의 축에 의해 교란된다는 것은 진정한 욕망을 드러내는 꽉 찬 발화가 얼마나 힘든가를 말해준다. 주체는 대타자의 욕망에 대해 질문을 던지면서 자신의 욕망이 무엇인지를 찾지만 혼란 속에서 쉽게 길을 잃는다. 상상계는 동일시와 소외, 그리고 허구적인 것을 매개로 욕망의 진실을 가린다. 그렇기에 라캉은 의식적 담론보다는 자신도 모르게 나오는 말실수, 거짓말, 실착 행위 등에서 진리가 더 많이 발견된다고 말하는데, 그러한 실수에는 자아의 지배력이

미치지 못하기 때문이다. 진리에 대해 라캉은 반쯤 말하기[47]를 수단으로 제시하기도 한다.

주체 상호 간 담론이 상상계의 축에 의해 교란되지만 그럼에도 불구하고 진리가 선포되는 것이 불가능한 것은 아니다. 바로 대타자 A가 진리의 등록소로 역할을 하기 때문이다. 대타자 A의 답변을 통해 상상계적 자아가 아닌 무의식의 주체인 S가 드러난다면 그것은 진리를 보여주는 말이라 할 수 있다. 라캉은 상징적 축에 의해 진실이 드러나는 말을 '꽉 찬 말'이라 하고 반대로 상상계적 차원의 지배를 받는 말을 '텅 빈 말'로 구별한다. 분석이 겨냥해야 하는 것이 '꽉 찬 말'이고 가변적 분석 시간도 이를 위해 도입되었다. '꽉 찬 말'은 언술 행위의 주체를 드러내는 말이고, '텅 빈 말'은 자아가 드러나면서 욕망의 주체가 소외되는 말이다. '텅 빈 말'에서 주체는 자신의 욕망을 마치 타인의 욕망을 말하는 것처럼 공허하게 이야기한다.[48]

라캉이 대타자와 소타자의 구별을 강조하고 분석이 상상계의 차원에서 진행되지 않도록 경계하는 것은 '꽉 찬 말'을 드러내는 것이 분석의 목표라고 보기 때문이다. 주체 상호 간의 진실한 만남은 욕망의 진실을 드러낼 때에만 가능해지는데 이것은 참, 거짓의 문제와는 다르다. 오히려 거짓이 때로는 사실보다 더 진실을 말해줄 수 있는데 진정한 주체는 담론 속에 있지 않고 그것을 비틀 때 나타나기 때문이다.

② 주체의 내적 구조로서 L도식

L도식은 또 한편으로는 주체의 내적 구조에 대한 설명이기도 하다. 라캉은 주체가 L도식의 네 항에 걸쳐 있다고 말한다.[49] 달리 말해 모든 항이 주체의 내적 구조를 이루면서 주체성을 함께 이루는데 이것은 라캉이 주체를 안과 밖의 구별이 없이 단 하나의 면만을 가진 뫼비우스 띠에 비교한 것에 상응한다. 주체와 자아가 주체성을 구성하는 축이 된다는 것은 쉽게 이해할 수 있을 것이다. 그러면 대타자와 소타자의 역할은 무엇일까. 소타자는 자아가 나르시시즘에서 하나의 대상처럼 작용할 때의 역할이라고 보면 된다. 자아는 원래 주체를 소외시키고 속이는 타자적인 심급이기에 이미지로 투영될 때 대상 a처럼 작용한다. 대타자는 존재에 대해 질문이 던져지고 확답이 주어지는 곳으로 주체가 상징계의 효과라는 정의를 생각해본다면 주체의 진정한 원인이라 할 수 있다. 라캉은 신경증이란 다른 게 아니라 존재가 상징계의 주체에게 던지는 하나의 질문이라고 말하면서[50] 주체란 이 질문이 던져지는 장소에 자리 잡는다고 설명한다. 여기에서 주체의 존재를 상징계에서 확인시켜주는 것이 언어인데 언어는 대타자와 동일시될 수 있다. 라캉에게 주체는 언제나 말하는 주체로

정의되기 때문에 말이 기원하는 장소인 대타자는 주체를 형성하는 실질적인 구조가 되는 것이다.

그리고 대타자는 주체가 던진 질문들을 전도된 형태로 되돌려줌으로써 주체의 존재성을 보장한다. 이렇게 하여 대타자는 주체 구성에 참여한다. "발화의 화자는 청자로부터 자신의 메시지를 전도된 형태로 되돌려 받는다."라는 말은 상호 주체성의 구조가 주체를 상징계의 한 축으로 확인시켜줌으로써 비로소 언표 주체로 등록시켜준다는 의미로 해석할 수 있다. 예를 들어 한 남자가 여자에게 "당신은 내 부인입니다."라고 말할 때 여자가 고개를 끄떡인다고 한다면 그것은 "그래요. 당신은 제 남편이 맞아요."라는 승인이다. 이렇게 상대의 말에 응답하고 그 응답을 통해 상징계 내에서 그 남자의 위치를 승인해주는 것이다. 라캉은 침묵을 전제하는 독백조차도 그것을 듣는 청자를 전제한다고 말하면서 대타자에 의해서만 내가 담론의 구조에서 합법적 주체가 될 수 있음을 강조한다. 만약 대타자가 없다면 주체도 존재할 수 없는 것이다. 여기에서 L도식이라는 상호 주체성의 구조는 주체를 가능하게 만드는 내적 구조가 된다. 즉 외부는 내부가 되고 내부는 외부가 되는 것이다.

여기에서 다시 한 번 "무의식은 대타자의 담론이다."와 "인간의 욕망은 대타자의 욕망이다."라는 라캉의 명제를 생각해보자. 이 말은 주체가 대타자에 일방적으로 복종한다는 의미가 아니라 단지 주체의 원인으로 기능하는 대타자의 역할을 상호 주체성의 구조에서 강조하는 말이다. 앞서 말한 것처럼 주체의 말은 그것을 들어주는 대타자에 의해 비로소 의미가 부여된다. 그러므로 라캉에게 무의식은 주체의 내면에서 비롯되는 어떤 힘의 작용이나 은밀한 욕망이 아니라 언어적인 것이 작용하면서 주체에게 일으키는 효과로 인식된다. 그것은 주체를 가능하게 해주면서 동시에 주체의 의도성을 비껴가는 전도된 말이기에 주체가 알 수 없는 지식이 되는 것이다. 주체와 대타자의 관계에 대해 라캉은 다음과 같이 정식화한다.

> 주체는 데카르트적 주체로서 무의식의 전제이다. 대타자는 말이 진리로 확립되기 위해 요청되는 그러한 심급이다. 무의식은 그 둘 사이에 작용하는 단절 효과이다.[51]

이 말은 주체가 무의식의 공간을 지탱하는 물질적 실체라는 말이 아니며, 무의식이 주체에게 귀속된다는 뜻도 아니다. 단지 주체와 대타자의 변증법적 관계가 무의식을 단절적 효과로서 주체 속에 드러낸다는 말로 이해해야 한다. 대타자가 무의식적 주체에게 직접적으로 작용한다면 그것은 대타자가 주체의 내적 구조이자 동시에 외적 구조이기 때문이다. L도식을 통해 이처럼 주체 상호 간의 관계로부터 주체의 내적 구조를 동시에 설명할 수 있는데, 라캉이 강조하는 주체란 둘 다의 종합적 관점에서 이해해야 한다.

**대타자와 무의식**

앞에서 보았듯이 대타자는 무엇보다 상징적 질서를 지탱하는 진정한 타자성이다. 상징계는 주체에 앞서 존재하는 초월적 질서이며, 주체에게 강제되는 법이다. 아이가 태어나서 이름을 부여받으면서 가족의 성원으로 자리를 잡고 사회화를 통해 거듭 태어나는 것은 상징계가 보여주는 지배력의 전형적 예이다. 상징계는 대타자에 의해 유지된다. 대타자는 독립적 질서인 말이 구성되는 장소로 라캉은 대타자를 "시니피앙의 보고"[52]라 부른다. 시니피앙이란 본래 주체에 대해 이질적 질서인데 이것을 통해 주체는 인간에게 고유한 의미화의 세계를 건설할 수 있으므로 사회의 실질적인 물적 토대라 할 수 있다. 그런데 시니피앙의 보고인 대타자는 비인격적인 추상적 장소이지만 주체 상호성의 구조에서 일시적으로 점유될 수 있다. 아이가 만나는 최초의 대타자는 어머니이며, 어머니와 아이의 상상적 이자 관계를 깨뜨리면서 상징계의 법적 대표자로 등장하는 아버지는 그다음 대타자의 역할을 한다. 그리고 분석적 상황에서는 분석가가 피분석가의 욕망에 답을 줄 수 있다고 가정된 대타자가 된다. 주체의 모든 행위와 발화행위는 대타자를 전제한다. 주체와 의사소통 속에서 만나게 되는 대타자는 초월적 존재자로 나타나는 게 아니라 담론 구조의 대행자처럼 주체와 마주한다. 대타자는 주체의 말에 응답하고 전도된 형태로 메시지를 돌려줄 뿐 아니라 자신의 현존을 통해 주체가 욕망에 대해 질문하게 만든다.

그런데 주체와 대타자의 관계는 안정된 의사소통에 의해 유지되는 평화로운 관계가 아니다. 대타자가 돌려주는 시니피앙들은 주체에 작용할 때 필연적으로 무의식의 형성물을 남기게 되는데 시니피앙의 연쇄는 끊임없는 의미의 미끄러짐을 동반하기 때문이다. 라캉은 무의식이 주체가 억압하는 심상이나 외상적 경험과 연관된다는 생각[53]에 단호히 반대하고 그것을 언어적 효과로 설명한다. 달리 말해 무의식은 상호주체성의 구조에서 주체의 의지를 벗어나면서 반복되는 시니피앙 연쇄의 작용인 것이다. 라캉은 인간에 대해 상징계가 이렇게 외재적이고 선험적인 질서로 존재하는 것이 무의식 개념의 본질임을 강조한다.[54]

상징계가 가지는 강제적 성격과 타율성은 라캉이 말하는 무의식을 이해하는 데 아주 중요하다. 라캉에 의하면 무의식은 먼저 외부적 질서인 시니피앙들이 은유, 환유의 법칙에 의해 상호 결합하고 작용하면서 주체의 지식을 초월하는 알 수 없는 지식의 형태가 될 때 나타난다. 즉 주체가 무언가를 말하면서 그 의미를 모르고 반복할 때 무의식은 시니피앙의 연쇄 속으로 미끄러지는 담론으로 드러난다. 예를 들어 「〈도둑맞은 편지〉에 대한 세미나」에서 편지가 이동할 때마다 만들어내는 사건의 그때그때의 의미들은 주체들을 가로지르는 무의식이라 할 수 있다. 여기에서 편지는 어떤 특정한 주체에 속한 것이 아니라 바로 대타자에 속한 것으로 끊임없이 순환되는 것이 그 본성이다. 편지는 주체를 고정된 위치에 두지 않고 편지와 더불어 변화하게 만든다.

그런데 무의식은 대타자의 담론이 만들어내는 일방적인 효과만은 아니다. 라캉은 한편으로는 무의식을 대타자의 담론으로 정의하여 무의식의 언어적 차원을 강조하면서도 다른 한편으로는 주체 분열 개념을 통해 주체로부터 무의식의 작용을 끌어내기도 한다. 상징계는 주체를 분열시키면서 작동한다. 담론 속에서 언표 주체가 시니피앙에 의해 대리된다면 언술 행위의 주체는 그 속에서 사라지면서 결여를 통해 시니피앙 연쇄의 형성을 가능하게 만든다. 라캉에게 주체 분열의 논리는 시니피앙 논리의 보완물로서 무의식의 역동성을 설명하는 나름의 근거가 된다. 즉 주체는 시니피앙에 의해 지워지고 거세되면서 의미화 연쇄 속에서 끊임없이 다시 출현하는데 이것이 무의식이 지속되는 원인이다.

　주체의 사라짐을 라캉은 존재 결여의 논리로 설명한다. 그리고 그 근원은 주체의 최초 구성 순간인 오이디푸스 과정으로 거슬러 올라간다. 주체는 어머니의 욕망의 대상인 남근이 될 수 있다고 믿으며 어머니와의 상상적 합일에 머물다가 '아버지의 이름'을 수용하면서 상징계로 들어온다. 이 과정은 자연적 욕구가 상징화되는 것과 유사한데 주체는 상징적 질서에서 자리를 얻는 대신 존재의 자리를 빈자리로 남겨놓을 수밖에 없다. 이 빈자리가 시니피앙의 추가적인 연쇄를 부르면서 대상관계에서 욕망을 활성화하는 역할을 한다. 시니피앙의 연쇄는 이 빈자리를 채울 대상들을 소환하는 환유 작용의 결과이다. 결국 하나의 시니피앙이 주체를 대리할 때 발생하는 결여, 즉 주체의 빈자리가 상징계적 질서를 가능하게 만들어주면서 주체로 하여금 대타자에 순응하게 만든다. 이 순응은 주체와 언어의 긴장과 대립을 전제할 수밖에 없다. 무의식은 이렇듯 무의식 주체의 독특한 위상에 의해서도 설명할 수 있는데 이때는 주체의 저항적 차원이 강조된다. 라캉이 나중에 욕망의 적극성을 윤리와 연관 지어 설명하고 실재계를 강조하는 것도 상징계가 전부가 아니기 때문이다. 이 부분은 2부 2장 '실재, 주이상스, 승화' 편에서 볼 수 있다.

# 욕망과 말

 라캉은 언어가 욕망의 전제 조건이자 욕망을 지속시키는 근본 원인임을 되풀이해서 강조한다. 욕망은 본능이나 유기체의 자연적 욕구로 환원되지 않는 주체의 역동성을 보여주는데 이것은 상징계에 완전히 포섭되지 않는 존재의 발현이기도 하다. 라캉은 욕망이 대상을 향하지만 궁극적으로 대상에 대한 욕망이 아니라 존재에 대한 열망이라고 말한다. 존재는 언어에 의해 표현되면서도 사라지는 것이기에 욕망은 그 틈을 대상을 통해 채우려 하고 여기에서 욕망은 사랑에 대한 요구처럼 표현된다.
 욕망과 언어의 관계를 변증법적 대립으로 설명하기 위해 라캉은 욕구, 요구, 욕망을 구별하는데 이것이 라캉 욕망 이론의 특성이다. 욕구가 생리적인 유기체의 필요에서 비롯된다면 요구는 이것을 언어로 표현해서 전달하는 것이다. 그런데 욕구와 요구는 불일치할 수밖에 없는데 욕구를 완전하게 요구로 변화시키는 것이 불가능하기 때문이다. 여기에서 욕망은 욕구와 요구 사이의 차이로 나타난다. 달리 말해 어떤 욕구를 시니피앙 연쇄 속에서 대타자를 향한 요구로 전환시킬 때 불가피하게 소외되는 부분이 있으며 그것이 욕망의 토대가 된다는 것이다. 아래에서 욕구, 요구, 욕망을 구별하면서 그것이 언어와의 관계에서 어떻게 표현되는지 살펴보자.

**욕구, 요구, 욕망**

라캉은 욕망에 대해 말하면서 자연적 욕구가 언어로 기술될 때 불가피하게 어긋나는 부분이 발생하면서 이것이 욕망을 이룬다는 것을 「남근의 의미」라는 글에서 다음과 같이 지적한다.

> 가령 욕구 중 소외되는 부분이 요구로 전달되지 못하고 남는 어떤 원억압을 구성한다. 그러나 이 억압된 것은 하나의 파생물 속에서 나타나는데, 그것이 바로 인간에게 욕망으로 모습을 드러내는 것이다.[55]

여기에서 소외란 욕구가 언어로 표현되면서 왜곡되거나 불가피하게 포기되는 부분이다. 가령 연인에게 자신의 간절한 사랑을 전할 때 우리는 늘 마음을 다 표현하지 못하는 아쉬움을 느낀다. 온갖 사랑의 말을 해도 마음속에 부족함이 남는 것이다.

인간의 모든 행위는 타자와의 관계를 전제할 수밖에 없다. 그런데 타자와의 관계는 언제나 언어에 의해 매개되기에 언어가 모든 인간 행위의 조건이 된다. 인간이 자신의 고유한 신체적 욕구라고 생각하는 부분조차도 이미 언어적으로 규정되는데 최초에 타자의 도움을 통해 이를 해결할 수 있기 때문이다. 타자의 도움을 받기 위해서는 욕구를 언어화하는 것이 필요하다. 그러므로 인간에게 언어적인 것을 벗어나는 순수 욕구란 있을 수 없다. 인간은 언어를 매개로 자신의 신체와 세계를 만나며, 언어를 벗어나는 것은 존재하지 않는 거나 마찬가지이기 때문이다. 그런데 욕구와 요구 사이에는 언제나 불일치가 존재한다. 신체에 기원을 둔 욕구가 언어적 법칙에 맞게 표현되는 요구로 전환될 때 배제되거나 어긋나는 부분이 발생하게 되는데, 욕망은 여기에서 욕구와 요구의 불일치 혹은 차이처럼 나타난다. 이 차이는 구조적인 것으로 라캉은 이것을 욕구와 요구의 분열(Spaltung)[56]이란 말로 지칭한다. 욕구와 요구의 분열은 사물의 살해 위에서 구축되는 상징계의 본성에서 비롯되며 주체는 이를 결여의 형태로 체험한다. 라캉은 이를 특정 대상의 결여가 아니라 존재 결여라고 말한다.

다음으로 욕구와 요구의 불일치는 대타자의 한계에서 비롯된다. 요구는 본능적 욕구를 언어로 표현하여 대타자에게 전달해야 하는 의존성의 표현이기도 하다. 요구가 있다는 것은 이를 들어주고 응답해줄 대타자를 전제한다. 그런데 욕구란 그 성격상 하나가 만족되면 또 다른 욕구가 생기기 마련이다. 욕구가 요구로 전환되는 과정이 되풀이되면서 타자에 대한 절대적인 사랑의 요구, 즉 그 끝을 모르는 사랑에 대한 무조건적 요구로 되어간다.

아이와 어머니의 예를 들어보자. 아이는 언어를 배우면서 그때그때 자신의 욕구를 대타자인 어머니에게 전달하고 응답을 통해 충족시키는 법을 배운다. 욕구가 요구로 전환되면 될수록 아이는 대타자에 대한 의존을 심화시킬 수밖에 없다. 하지만 대타자인 어머니는 아이의 요구를 전적으로 만족시켜줄 수 없는데 언어란 욕망을 완전히 해소시켜줄 대상을 지시할 수 없기 때문이다. 그리고 대타자 역시 절대적 존재가 아니라 언어에 의해 규정된 존재, 즉 거세된 존재이기 때문이다. 대타자가 결여된 존재라는 것이 라캉의 욕망 이론에서 중요한데 그것이 욕망이 상징계에 대한 복종에만 머물 수 없게 만들기 때문이다. 욕망은 상징계 속에서 언어의 한계를 죽음충동으로 체험하면서 그것을 뛰어넘고자 하는 주이상스로 발전해간다.

대타자와 주체의 관계는 이렇듯 욕망을 발생시키는 모순적 관계이다. 주체는 끊임없이 욕구를 요구의 형태로 제기하는데 그럴수록 소외되는 부분이 언어의 가장자리에서 커지기 마련이다. 이 가장자리는 사랑에 대한 무조건적인 요구가 좌초하는 지점이기도 하다. 대타자의 한계는 주체에게 죽음의 형태로 체험된다. 이 죽음이 욕망을 영속화시키는 근본적 원인이다.[57]

결론적으로 언어가 없으면 욕망도 발생하지 않는다. 그리고 욕망의 진정한 본성은 대상관계에서 특정한 대상을 찾아다니는 욕구와는 다르다. 그것은 외형상으로는 욕구 충족을 위한 요구처럼 표현되지만 사실 언어 속에서 결여로 남는 존재에 대한 갈망이기 때문이다. 이것이 욕망을 무의식적인 것으로 남게 만드는 이유가 된다. 정신분석이 문제 삼는 욕망은 언제나 무의식적 욕망이지 의식적 욕망이 아니다. 후자는 요구에 가깝기 때문이다. 그리고 무의식적 욕망이 겨냥하는 대상은 상징계에서 결여로 남는 주체의 존재 자체이다.

**욕망의 인정과 인정의 욕망**

라캉은 "인간의 욕망은 대타자의 욕망이다."라고 말한다. 이 말은 두 가지 의미로 해석되는데, 하나는 대타자의 위치에서 어떤 것을 욕망한다는 의미로서 문자 그대로 '대타자의 욕망'이란 말이다. 주체는 대타자가 욕망하는 것을 자신의 욕망처럼 생각하면서 욕망한다. 또 하나는 대타자를 대상으로 삼는 욕망이란 뜻으로 '대타자에 대한 욕망'이다.[58] 욕망은 언제나 대상 자체를 향하는 것이 아니라 타자가 욕망하는 것을 욕망하기 때문에 주체는 대타자의 욕망을 자신의 목표로 삼는다.

"인간의 욕망은 대타자의 욕망이다."라는 말은 욕망이 순수하게 주관적인 갈망이 아니라 대타자로부터 오는 언어적인 것을 매개로 구성됨을 일컫는 말이다. '대타자의 욕망' 혹은 '대타자에 대한 욕망'은 필연적으로 대타자의 인정을 전제로 한다. 그러므로 욕망은 인정에 대한 욕망이 되며, 욕망을 인정받기 위해서는 언어에 의존해야만 한다. 라캉은 주체와 대타자의 변증법적 관계에서 욕망이 구성되는 것을 '욕망의 인정'과 '인정의 욕망'의 용어로 설명한다. 욕망의 이러한 두 가지 양태는 주체와 대타자의 관계가 대등한 관계가 아니라 대타자에 대한 수직적 복종을 전제로 성립한다는 것을 말한다. 주체는 자신의 욕망을 인정받을 때 비로소 주체가 될 수 있으며, 그러기에 주체의 욕망이 기준으로 삼는 것은 언제나 대타자의 욕망이다. "인간의 욕망은 대타자의 욕망이다."라는 말은 나중에 "무의식은 대타자의 담론이다."라는 말과 짝을 이룬다.

라캉은 주체의 순수한 내면적 공간을 인정하지 않으며 주체가 중심이 되는 무의식과 욕망을 인정하지도 않는다. 모든 것은 대타자와의 관계에서 시작되는데 주체는 무엇보다 말을 하는 주체이기 때문이다. 다음에서 '욕망의 인정'과 '인정의 욕망'의 양상을 좀 더 자세히 살펴보자.

① 욕망의 인정

이것은 대타자로부터 욕망을 인정받고자 하는 것으로 주체가 말을 통해 대타자에게 자신의 욕망을 알게 하려는 언어적 필요성을 말한다. 위에서 살펴본 것처럼 주체는 태어나는 순간부터 자신의 생리적 필요(욕구)를 대타자를 향한 요구로 바꾸면서 충족시킬 수밖에 없다. 주체는 언어에 대해 우월한 지위를 갖지 못하는데 언어는 주체가 활용하는 수단이 아니라 주체 성립의 선행조건이 되기 때문이다. 상징계로 들어가는 순간 주체는 세계에 대한 직접적인 접촉을 잃게 되며, 언어에 의해 매개되는 현실 속에서만 대상을 만날 수 있게 된다. 언어는 욕구를 요구로 전환하면서 그 둘 사이에 찌꺼기처럼 남는 여분을 발생시키는데, 이것이 존재 결여의 형태로 욕망을 발생시키는 조건이 됨을 이미 살펴보았다. 그러나 주체는 언어의 이러한 한계를 경험하면서도 욕망을 요구의 형태로 되풀이할 수밖에 없는 모순적 상황에 사로잡힌다. 언어는 결여를 낳는 질곡이 되기도 하지만 주체는 욕망을 표현하기 위해 언어 이외의 다른 수단을 강구할 수 없기 때문이다. 주체는 언어를 배우고 그것을 타자에게 전달하고 응답을 받음으로써 자신의 존재성을 확인하게 된다. 여기에서 '말의 장소'인 대타자는 주체의 욕망에 대해 답을 주는 진리의 보증자로 가정된다.

주체는 이제 대타자에게 인정받으려 하면서 자신의 욕구를 시니피앙들의 연쇄를 통해 형성되는 말의 형태로 대타자에게 전달하고자 한다. 주체의 욕망이 성립되려면 무엇보다 대타자로부터 오는 인정이 전제처럼 부과된다. 그러므로 주체는 이제 대타자가 무엇을 원하는지를 먼저 묻는다. '케 부오이 *Che vuoi*', 즉 '당신이 원하는 게 무엇인가'의 질문은 주체의 욕망을 조건 짓는 근본적 질문이 된다. 주체는 대타자의 욕망을 만족시키는 대상을 설정하면서 이 질문에 답을 찾고자 하는데 이러한 관계가 욕망의 그래프에서 환상 도식 $\$ \lozenge a$으로 표현된다. 환상 도식은 주체가 능동적으로 욕망의 대상과 관계를 맺는 것을 설명하는 것으로 그 목적은 대타자의 인정을 얻기 위한 것이고, 그것은 또한 대타자의 욕망을 통해 주체 자신의 욕망을 알기 위해서이다. '욕망의 인정'은 '인정의 욕망'과 동전의 양면처럼 짝을 이룬다. 욕망의 인정은 말을 통해 주체의 욕망을 구성하는 것으로 인정에 대한 욕망을 이끄는 선행조건이 된다.

### ② 인정의 욕망

이것은 주체의 욕망이 인정을 위한 투쟁 속에서 전개되면서 대타자의 욕망을 욕망하는 순수 욕망의 형태로 전개됨을 일컫는다. 순수 욕망이란 대상을 갖지 않는 욕망 자체를 강조하는 말이다. 욕망은 환상의 형태 $\$ \Diamond a$로 전개되지만 어떤 대상에 의해서도 충족되지 않는다. 욕망은 성격상 하나의 대상이 주어지면 또 다른 것을 갈망하게 되는데, 요구로 표현될 수 없고 자신도 모르는 환상적 대상을 좇기 때문이다. 욕망은 대타자의 욕망을 욕망하는 것이기에 늘 목표에서 어긋날 수밖에 없는 부조리한 행위이기도 하다. 주체는 대타자의 욕망을 통해 욕망의 실존을 보게 된다. 다시 말해 주체의 욕망이 대타자에게 전달되고 응답될 때 비로소 욕망이 실체화된다는 것이다. 이 말은 주체의 요구가 대타자의 응답에 의해 어긋나면서 그 갈증이 '또 다른 욕망'을 부르는 형태로만 순수 욕망이 체험된다는 뜻이다. 주체의 요구는 역설적으로 대타자의 응답에 의해 그 한계가 드러날 수밖에 없는데 이 한계가 주체의 욕망을 가능하게 만든다. 이제 주체는 대타자에게 또 다른 요구를 전달하면서 대타자의 욕망을 알고자 하는데 이러한 과정에서 주체는 자신을 욕망하는 주체로 만들어나간다. 주체가 욕망하는 대타자의 욕망은 주체에게 늘 미지의 $x$로 남아 있다. 주체가 대타자의 욕망을 욕망하는 한 주체는 무엇보다 인정 자체를 욕망하게 된다.

결국 인정에 대한 욕망은 주체의 욕망이 지속되는 형식이다. 인정이란 대타자에게 속하는 것이며 대상에 대한 요구와는 다른 것이다. 욕망이란 요구를 넘어서는 어떤 갈망처럼, 그리고 대타자에 의해 욕망되고 싶은 욕망으로 성격 지어진다. 욕망은 대타자의 법이 지배하는 영역인 상징계로 들어갈 때에만 구체화되기에 욕망하는 주체의 탄생은 라캉에게 대타자에 대한 인정 및 복종과 맞물린다. 이 과정이 구체적으로 진행되는 것이 바로 오이디푸스 과정이다. 결국 인정의 욕망은 대타자가 부과하는 상징계의 법을 수용하면서 대타자의 욕망을 욕망하는 것으로 귀결된다. 인정의 욕망은 언어와 욕망의 관계를 본질적인 것으로 드러나게 하면서 욕망이 요구를 넘어서는 불가능의 영역으로 갈 수밖에 없는 이유를 잘 설명해준다.

라캉은 언어와 욕망의 관계를 이처럼 '욕망의 인정'과 '인정의 욕망'으로 설명하면서 구체적인 작용을 욕망의 그래프를 통해 설명한다.

### 욕망의 그래프

욕망의 그래프는 욕망과 언어의 관계가 어떻게 작용하는지를 위상학적 공간 속에서 보여주기 위해 라캉이 몇 차례에 걸쳐 고안한 것이다. 라캉은 1957년 '무의식의 형성물'이란 제목의 세미나(세미나 V)에서 처음으로 이 그래프를 소개했으며, 그다음 해에 진행된 세미나 VI 『욕망과 그 해석 Le désir et son interprétation』[59], 그리고 『에크리』의 「주체의 전복과 욕망의 변증법」에서 그래프를 완성된 형태로 제시한다. 「주체의 전복과 욕망의 변증법」에서 라캉은 네 단계로 그래프를 설명한다. 욕망의 그래프는 욕망의 전개 양상은 물론 무의식이 이중화된 담론으로 전개되는 과정을 수학소를 결합하여 일목요연하게 지표상에서 그려낸 것이다. 그래프를 통해 우리는 욕망의 전개 과정과 세부적인 양상을 좀 더 수월하게 살펴볼 수 있다.

옆의 그림은 그래프 I인데 주체의 자연적 욕구가 시니피앙의 사슬을 관통하면서 요구로 변화되는 과정을 표현했다.

주체의 원초적 욕구 △는 타자적 질서인 시니피앙의 연쇄 S→S′를 거치면서 비로소 의미가 부여되며, 의미의 담지자인

그래프 Ⅰ

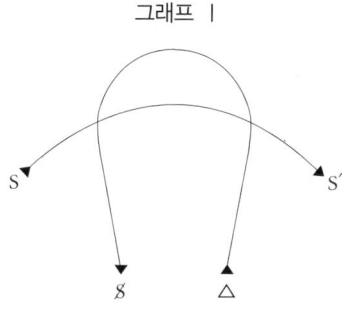

시니피앙의 주체 $를 탄생시킨다. 이 과정은 자연 상태의 육체가 상징계에 편입되면서 주체로 태어나는 과정이라 할 수 있다. 시니피앙의 의미화 연쇄사슬 S→S′를 통과하지 않는 자연적 욕구나 원초적 몸은 무의미이기 때문에 그것에 대해 알 수도 없고 말할 수도 없다. 첫 번째 그래프에서 주체의 의도성은 두 선의 교차 지점에서 형성되는데, 완성된 그래프에서는 이것이 s(A)로 표시된다. 이 지점이 바로 요구가 언어적 형식에 맞는 메시지로 나타나는 장소이다. 메시지가 전달하는 최종적 의미는 시간적으로 나중에 위치하는 또 하나의 지점 A[60]에 의해 가능해지는데 이것이 라캉이 설명하는 사후 작용의 논리이다. 사후 작용이란 한 문장의 의미는 과거에서 현재로의 순차적 흐름이 아니라 최종적인 구두점 찍기에 의해서 거꾸로 소급적으로 부여된다는 것이다. 화자가 방점을 찍기 전까지 의미는 계속해서 유보된다. 구두점 찍기를 통해 의미가 분명해지며, 그 의미는 시니피앙 연쇄에 의해 거세되고 관통된 주체 $ℌ$를 부수적 효과로 발생시킨다. 원초적 감각 덩어리인 몸이 시니피앙 연쇄를 만나 상징계의 주체로 거듭나고, 욕구는 요구로 변환되면서 대타자의 질서에 순응하는 게 그래프 I이 보여주는 내용이다.

이제 완성된 그래프를 보자.

그래프 I에서 △→ $ℌ$로 표시된 주체의 의도성을 나타내는 벡터는 이제 약간 변형되어 출발점에 빗금 친 S($ℌ$)가 놓인다.

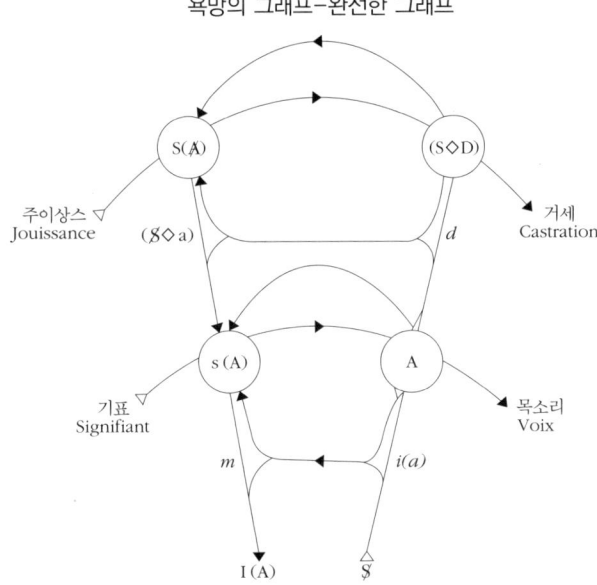

욕망의 그래프-완전한 그래프

출처: Jacques Lacan, Écrits, Seuil, Paris, 1966.

주체는 이제 시니피앙의 주체라 불리며 욕망의 출발점에 놓인다. 완성된 그래프만 보면 마치 주체가 있기 때문에 욕망이 시작되는 것처럼 보인다. 하지만 주체는 시니피앙 연쇄를 관통하면서 사후적으로 구성됨을 그래프 I을 통해 이미 살펴보았다. 이처럼 주체는 논리적으로 보면 상징계에 의해 분명 나중에 구성되지만 일단 구성된 후에는 모든 사건과 담론의 출발점에 놓이는 것이 속성이다. 그러므로 주체를 진정한 기원이자 토대처럼 가정해서는 안 되며, 대타자를 진정한 원인으로 인식해야 한다. 이것을 일컬어 라캉은 시니피앙이 주체의 선결적 장소가 되기에 대타자는 주인의 위치를 차지한다고 말한다. 주체는 대타자로부터 구성되고, 스스로가 발화하는 메시지의 의미도 대타자로부터 받게 된다.[61] 시니피앙의 주체는 욕망하는 주체가 될 수밖에 없는데 그래프 전체를 관통하면서 그 본모습이 그때그때 드러난다. 주체는 출발점뿐 아니라 곳곳에서 상상계, 상징계, 실재계의 관계에서 다양한 모습으로 드러나는 것이다.

I(A)는 주체가 동일시하는 자아 이상으로 대타자의 상징적 형상이라 할 수 있다. 주체는 언제나 상징계가 부여하는 자아 이상을 목표로 삼아 여기에 동일시함으로써 정체성을 획득하기에 자아 이상은 그래프의 최후 지점에 놓인다. 물론 주체가 대타자의 요구에 순응하는 과정은 단선적이 아니라 그래

프에서 보듯 다양한 층위와 사건을 관통하면서 여러 벡터 속에서 복잡하게 순환한다. 주체 구성 과정 자체가 욕망이 전개되는 과정에 상응하기에 주체는 언제나 생성되는 과정에 있다고도 말할 수 있다. 라캉은 담론에 고정된 주체를 진정한 주체로 보지 않는다. 진정한 주체는 그래프의 한 지점이 아니라 전체에 걸쳐 나타나지만 언제나 담론 속에서 사라지는 주체이기도 하다.

완성된 욕망의 그래프에서 가장 주목할 만한 것은 담론의 흐름이 동일한 구조를 가진 두 개의 층으로 나뉘어 있는 것으로, 이것은 언어의 이중성을 보여준다. 기표(Signifiant)→목소리(Voix)로 표기된 첫 번째 층은 의식이 지배하는 담론의 질서를 나타내며 지식이 전달되고 소통되는 상징계의 등록소라 할 수 있다. 진리는 대타자 A의 장에서 꽉 찬 발화의 형태로 발원해서 s(A)에 메시지의 의미를 부여하면서 드러난다. 두 번째 층은 주이상스Jouissance→거세(Castration)로 진행하는 흐름으로 무의식이 지배하는 초주체적 담론의 질서를 나타낸다. 무의식적 담론은 주체가 그 의미를 알지 못하는 담론으로 욕망은 거세(결여)의 형태로 지속된다. 두 개의 유사한 층위로 그래프가 나뉘는 것은 우리가 말을 할 때 언제나 타자와 공유하는 의미의 차원과 일상적인 의미를 벗어나는 무의식의 차원으로 언어활동이 분열된다는 뜻이다. 후자는 주체가 알지 못하면서 말실수 등을 통해 드러내는 욕망으로 라캉은 이를 불가능한 지식이라고 부른다.

그러므로 이 두 개의 층은 주체 분열의 논리에 조응한다. 즉 언표 주체가 의식적 담론을, 그리고 언술 행위의 주체가 무의식의 담론을 각각 지배한다. 그래프의 첫 번째 층부터 좀 더 자세히 살펴보자. 첫 번째 층은 욕망의 순환에서 상징계와 상상계의 작용을 보여준다. 상징계의 흐름은 주체($)→대타자(A)→의미(s(A))→자아 이상(I(A))의 축으로 진행되며, 상상계는 자아(m)와 타자 $i(a)$의 축을 따라 미끄러지는 짧은 순환을 나타낸다. s(A)는 주체의 진리가 꽉 찬 말의 형태로 표현되는 곳인데 상징계의 법적 대변자이자 문법적 코드를 나타내는 A에 의해 의미화를 부여받을 때 가능해진다. 그래프에서 A를 중심에 두고 s(A)→A→s(A)의 형태로 순환이 이루어질 때 메시지의 의미는 진리에 근접하는 것이다.

그러나 의미화 작용에서 부득불 상상계의 작용이 개입하는데 이는 어떻게 보면 자연스러운 과정이다. 상상계는 거울 이미지의 두 구조인 자아 m과 타자 $i(a)$가 중심이 되어 구성되는 공간으로 주체의 의도를 왜곡시키며 소외시키는 장이다. 라캉은 상상계에 매개되는 욕망의 흐름을 '텅 빈 말'이라고 불렀는데 이곳에서 주체는 자신의 욕망을 타자의 그것처럼 아무 의미 없이 이야기한다. 텅 빈 말이란 자아(m)와 이와 마주하는 유사자i(a) 간의 공허한 만남 속에서 욕망의 본질이 대상에 대한 집착처럼 왜곡되는 현상이다. 상징계는 불가피하게 상상계의 작용에 의해 방해를 받을 수밖에 없음을 L 도식을 통해서 이미 살펴보았는데, 그래프에서는 이것이 한눈에 볼 수 있는 지형적 관계로 잘 나타나 있다. 그래프가 보여주듯 상상계가 완전히 배제된 순수 상징계의 작용은 불가능하다.

두 번째 담론의 층은 무의식적 욕망과 주이상스가 대타자의 결여(A)와 관계가 있다는 것을 잘 보여준다. 욕망은 언어와 더불어 시작되지만 상징계에만 머물지 않고 항상 언어를 벗어나는 곳으로 주체를 이끌어가려고 하는데, 이것이 두 번째 층에 그려진 무의식적 담론의 순환에 나타나 있다. 언어를 벗어나려고 하는 것은 언어가 욕망의 진리에 궁극적인 답을 주지 못하기 때문이다. 욕망을 나타내는 d는 담론의 또 다른 흐름인 무의식적 시니피앙의 연쇄 구조를 통과해야 하는데 이것은 쾌락원리 너머의 주이상스 벡터(주이상스→거세)에 의해 표현된다. 욕망이 주이상스 벡터를 향하는 것은 메시지의 의미를 확보해주는 진리의 담지자 대타자(A)의 욕망이 주체에게 알려지지 않기 때문이다. 주체가 알고 싶은 메시지는 최종적으로 대타자의 욕망인데 그것은 언제나 유보되어 있기에 주체는 '케 부오이', 즉 '당신이 원하는 게 무엇인가'라고 계속해서 물으면서 자신도 모르게 의식적 담론 너머를 향하는 것이다. 대타자의 욕망은 주체에게 알려질 수 없는데 사실상 대타자 자체가 상징계에 의해 거세되어 있기 때문이다. 그러므로 주체가 던지는 물음은 채워지지 않는 갈증처럼 되풀이되면서 의미에서 빠져나가는 무의식 연쇄의 흐름을 타게 된다. 무의식의 연쇄는 언표 된 담론이 아니라 언술 행위 속에서만 그 효과를 드러내는데 빗금 친 주체($)가 대타자를 향해 요구($◇D)를 반복할 때 두 번째 층위가 실현된다. 주체는 대타자의 침묵 앞에서 당황하며 계속해서 물음을 던질 수밖에 없는데 그 과정에서 대타자의 결여에 직면한다. 이것이 그래프에서 S(A)⇆$◇D 순환으로 표시된 벡터인 거세, 즉 죽음의 효과이다.

이 상황에서 욕망(d)의 추동력 역할을 하는 것이 바로 환상 도식 $◇a이다. 주체는 대타자의 결여 속에 환상 대상 a를 놓고 환상을 통해 거세를 견디고자 한다. 대타자의 결여는 한편으로 욕망의 원인이 되면서 동시에 대상이 되는데 그것을 보여주는 것이 환상 대상 a이다. 그러기에 라캉은 환상 대상을 가리켜 욕망의 원인이자 대상이라고 말했는데 그것의 주된 기능은 결여를 감추어 욕망을 지속시키는 것이다. 무의식의 흐름은 그러므로 의미와 말보다는 환상을 통해 유지되며, 최종적인 출구는 거세, 즉 죽음이 된다. 그러므로 말하는 주체는 죽음 충동에 시달리며 그것으로 향하게 되는데 사실상 향유는 말하는 주체에게 금지된 불가능한 욕망에 다름 아니다.

　이상으로 욕망의 그래프를 살펴보았다. 욕망의 그래프는 주체가 의미화 연쇄 속에 편입되면서 시니피앙의 주체로 태어나고, 그 주체를 통해 대타자에게 요구가 전달되는 과정에서 담론의 분열이 이루어지는 것을 잘 보여준다. 담론이 분열되는 것은 최종적으로 진리의 장소인 대타자 역시 결여된 존재이기 때문이다. 라캉은 이를 "대타자의 대타자는 없다."라는 말로 표현한다. 대타자는 언어의 장소인데 자신을 언어적으로 묘사하면서 초월할 수 있는 그런 존재가 될 수 없다는 말이다. 그러므로 욕망이란 언어에 순응해서 진행하면서 또 하나의 축인 죽음과 주이상스를 반복적으로 체험한다. 이때 주체는 환상 가로지르기를 통해 대타자의 결여를 충족시켜 줄 수 있다고 믿는 대상 a를 놓으면서 욕망을 지속한다. 그러나 욕망은 언어 속에서 죽음의 모습을 본다. 죽음 충동은 자연스럽게 상징계의 한계를 넘는 주이상스를 향해 주체를 끌고 간다. 주이상스 속에서 주체를 유혹하는 것은 대상이 아니라 결여 자체이다. 그러므로 언어는 욕망의 끝이 아니며, 대타자에 대한 종속이 욕망의 완성도 아니라고 할 수 있다. 욕망은 본질상 언어에 의해 시작되면서도 그 한계 너머로 가려는 주이상스로 발전할 수밖에 없는데 죽음은 상징계의 이면이기 때문이다.

# 남근과 성차

　욕망은 존재 결여를 충족시키려고 계속 대상을 찾는 환유적 운동이다. 존재 결여는 주체가 상징계 속에서 시니피앙에 의해 대리되기 때문에 발생하는데 라캉은 이를 연산식 $\$$로 표기한다. 주체의 기호 S에 빗금이 쳐진 것은 시니피앙에 의해 존재가 거세된다는 뜻도 되고, 주체가 이제 시니피앙 연쇄에 의해 관통당하면서 상징계의 구조 속에 편입된다는 의미도 된다. 부성 은유를 통해 살펴보았듯이 주체는 대타자가 소유한 것으로 가정된 남근을 갖기 위해 상징계로 진입하게 된다. 남근은 주체에게 결여된 존재라는 표식이기에 주체 욕망을 지시하는 시니피앙이 되면서 또한 대타자 욕망의 시니피앙이 되기도 한다. 남근은 무엇보다 결여의 시니피앙인데 이

결여가 주체가 사는 상징계의 모든 것을 가능하게 만드는 토대가 된다. 라캉은 남근을 '시니피앙 중의 시니피앙' 혹은 '주인 시니피앙'으로 부르면서 특권화시키는데, 남근이 바로 존재 결여를 지시하는 시니피앙이기 때문이다. 그리고 남근은 성차를 가능하게 만드는 기표가 되기도 하는데 성차란 거세에 대한 태도이자 주이상스에 대한 위치라고 할 수 있다.

**남근이란 무엇인가**

남근은 남성의 실제 성기를 가리키는 것이 아니며, 아이가 성적 쾌락과 연관 지어 상상하는 특정 대상도 아니다. 남근은 철저하게 상징계와 관련해서만 그 본질이 정의된다. 프로이트 이론에서 보면 오이디푸스콤플렉스와 거세 콤플렉스는 페니스의 유무에 대한 아이의 관심과 대응으로부터 시작된다. 그러나 라캉은 남근이란 용어를 도입하면서 상징적 기능을 중시하는데, 이 입장은 남근에 대한 프로이트의 생물학적이고 해부학적인 경향과는 현저한 차이를 보인다. 남근 개념이야말로 라캉 욕망 이론의 독창성을 보여주는 핵심 범주이다.

라캉에게 남근의 최초 의미는 상상계에서 찾아진다. 오이디푸스콤플렉스의 첫 번째 시기에 아이가 자신을 어머니의 남근으로 간주할 때 이것이 전형적인 상상적 남근이다. 상상적 기능 속에서 남근의 역할은 어머니의 욕망을 충족시켜주는 대상이 되는 것이다. 어머니가 욕망을 한다는 것은 무언가를 결여한 존재라는 의미이며, 아이는 자신이 그 결여를 채워주는 남근이 된다고 간주한다. 그러나 전오이디푸스[62]적 삼각관계의 본질은 아이가 절대로 남근이 아니며, 어머니의 욕망은 늘 다른 곳을 향해 있다는 데 있다. 아이는 오이디푸스콤플렉스 최초 단계에서부터 남근에 대한 좌절을 겪는데 이러한 좌절이 주체를 상징계로 인도하는 계기가 된다. 아이는 어머니와의 상상적 일체감 속에서 '내가 남근이냐 아니냐.'의 최초 욕망에 갈등하다가 남근을 소유한 아버지의 법에 굴복한다. 나르시시즘적인 상상적 일체감은 늘 불안할 수밖에 없는데 아이가 어머니의 전능한 욕망에 온전히 사로잡혀 있기 때문이다. 아이는 자신이 남근이라 믿지만 거세될 수밖에 없는 운명인데 어머니의 욕망이 아버지의 남근을 향하기 때문이다. 아버지의 개입은 상상적 남근의 위태로운 지위를 폭로하는 중대한 전환점이 된다. 아이는 이제 상상적 남근이 되는 것을 포기하고 상징계 속에서 남근을 찾으려고 한다. 이것이 오이디푸스콤플렉스에서 설명되는 라캉적 의미의 거세이다. 이제 아이는 '남근을 갖느냐 갖지 못하느냐.'를 고민하면서 이러한 욕망을 대타자의 법에 복종함으로써 실현하고자 한다. 아이는 스스로를 어머니의 남근으로 간주하는 최초 상상적 소망으로부터 아버지처럼 남근을 소유하려는 욕망을 품게 되면서 상상계로부터 상징계로 진입하게 된다.

 이때부터 남근은 대타자에 속한 것 혹은 대타자의 욕망을 상징하는 절대 기표가 된다.[63] 남근은 주체의 욕망이 대타자의 욕망과 얽혀서 형성되는 곳에서 '인정의 욕망'과 '욕망의 인정'의 형태로 주체에게 힘을 발휘한다. 인간의 욕망이 대타자의 욕망이라는 것은 주체가 자기 욕망의 진리를 대타자를 통해 볼 수밖에 없다는 말에 다름 아니다. 대타자는 남근을 소유한 자로 간주되기 때문이다. 욕망이 남근이라는 기표에 이끌리는 한 욕망은 타자의 욕망에 종속될 수밖에 없으며, 남근의 의미는 주체를 벗어나는 무의식적 담론으로 작용한다.

 남근은 주체를 유혹하지만 가시적 대상으로서가 아니라 감춰진 대상으로서만 주체에게 다가온다. 주체의 욕망이 인정을 위한 투쟁을 반복할 수밖에 없는 것도 그것이 본질상 상징계 질서의 순수 형식일 수밖에 없는 남근을 겨냥하기 때문이다. 이 형식은 주체의 시선과 상징계의 의미 사슬의 그물망에는 잡히지 않는 빈 것이다. 그러므로 남근을 소유한 대타자의 욕망은 언제나 주체에게 감춰지며, 주체의 욕망과 어긋날 수밖에 없다. 더구나 주체는 구조적으로 자신에게 이질적인 시니피앙의 연쇄 속에서 대상을 찾을 수밖에 없기에 욕망은 언제나 좌절할 수밖에 없게 된다. 시니피앙은 주체에 속한 질서가 아니라 근본적으로 타율적이라는 것을 라캉은 자주 강조한다. 그러나 시니피앙에 의존하여 존재를 표현할 수밖에 없는 것이 주체가 겪는 부조리한 운명인데 주체에게는 선택의 여지가 없다. 남근이 순수 형식이라는 것은 결여와도 통한다.

결여의 기표라는 정의가 남근에서 중요하다. 주체 탄생 이후 남근은 주체가 결여된 존재임을 일깨워주는 역할을 한다. 그것은 특정 대상의 결여가 아니라 절대로 채워질 수 없는 결여를 반복적으로 체험하게 함으로써 주체를 욕망하는 존재로 만든다. 남근은 또한 구체적 대상을 지시하고 의미를 부여하는 게 아니라 그것을 지시할 수 있는 여타의 시니피앙 연쇄를 자신의 주위로 모이게 하는 시니피앙의 인도자 역할을 수행한다. 남근은 이런 면에서 모든 의미화와 욕망을 가능하게 해주는 순수 형식이자 빈칸에 가깝다고 할 수 있다. 빈칸이란 존재 결여를 의미한다고 할 수 있으며 시니피앙과의 관계에서 발생한다. 라캉은 이것을 다음과 같이 말한다.

> 남근은 존재 결여의 시니피앙으로 기능하는데, 결여는 주체가 시니피앙과 맺는 관계에 의해 규정된다.[64]

상징계가 구성되기 위해서는 시니피앙의 연쇄가 시작되어야 하는데 이것은 상징계 내의 빈자리를 상정할 때 가능하다. 상징계로의 진입은 주체가 어머니의 상상적 남근이 되기를 포기하고 그 빈자리에 '아버지의 이름'을 가져올 때 가능해진다. 그러므로 어머니의 욕망과 관계된 최초 기표의 자리는 영원히 억압되는데 이후의 어떠한 기표도 그것을 대신할 수 없다. 어머니의 욕망과 아이의 욕망이 완전히 일치하는 상상적 합일을 보장할 수 있는 기표는 없는데 상징계란 상상계적 통합을 깨뜨리면서 주체에 자리 잡기 때문이다. 주체는 거세라는 대가를 지불할 때에만 상징계로 들어갈 수 있는데, 거세란 상상적 남근으로 가정된 아이의 지위를 박탈하는 것이다. 그러므로 아이는 상상적 남근과 결부된 원초적 향유의 욕망을 포기할 수밖에 없다. 이 원초적 향유의 욕망이 어머니의 욕망의 기표로서 최초 억압의 대상이 된다.

일단 부성 은유가 성공하면 주체가 잃어버린 최초 기표의 의미화를 위해 시니피앙의 사슬이 연쇄적으로 동원된다. 이것이 시니피앙 행렬의 의미이다. 이때 주체가 욕망하는 것은 언제나 남근에 의해 지시된다. 남근은 거세된 주체에게 성적 향유를 보장하는 유혹물이지만 그것은 결여를 상기시키는 기능을 통해서만 가능해진다. 다시 말해 남근은 구체적 대상과 결부되지 않는 존재 결여의 순수 표식으로 남아야 한다는 것이다. 그러기에 라캉은 남근을 욕망의 로고스, 즉 욕망의 원인이자 가능 근거로 부른다.

라캉은 상징계의 독립성과 절대적 지배력을 인정하면서도 동시에 그것이 주체에게 가져오는 효과인 존재 결여를 강조한다. 상징계가 작동할 수 있는 근거도 바로 주체에게 결여가 있기 때문인데 결여의 증거가 바로 남근에 대한 집착이다. 남근은 성적인 리비도와 연관되지만 라캉은 성조차도 결여를 통해서만 구성된다고 설명한다. 그러므로 인간이 성적 존재라는 것은 결여된 존재라는 말에 다름 아니다.[65] 남근은 성적 기표이자 결여의 기표로 다른 시니피앙들에 비해 특권적 역할을 수행한다.

결여는 원래 주체의 존재와 관련되어 언급되는데 1957년 라캉은 빗금 친 대타자의 대수적 상징 기호 $\bcancel{A}$를 도입함으로써 결여를 상징계의 일반적 구조로 확대시킨다. 상징계를 구성하고 지탱하는 것이 바로 이 결여이다. 그런데 결여는 단순히 '~가 부족하다'는 부정적 의미가 아니다. 라캉에 의하면 상징계에서 결여는 그것 때문에 다른 모든 것이 가능해지는 적극적 실체에 가깝다.[66] 이런 의미에서 남근은 결여라는 순수 형식을 통해 욕망과 관련된 모든 의미화를 끌어낼 수 있는 원천이 된다. 그렇기 때문에 라캉은 남근을 '기표 중의 기표'라고 부르는 것이다.

남근은 위에서 언급한 것처럼 대타자의 욕망을 지시하기도 하지만 동시에 대타자가 결여된 존재라는 것을 폭로하기도 한다. 인간은 대타자의 욕망을 욕망하면서 자기 욕망의 진실을 찾지만 대타자 역시 욕망하는 존재라면 욕망은 막다른 골목에 도달할 수밖에 없다. 『에크리』 이후 라캉이 실재계의 개념을 발전시켜나가는 것은 이렇듯 상징계의 한계에 부딪히는 욕망의 출구를 새로운 개념을 통해 제시하기 위해서였다. 욕망을 상징계에 국한시킨다면 대타자가 절대화되겠지만 라캉은 대타자의 한계를 분명히 하면서 상징계의 한계가 욕망을 지속시키는 실질적 원인임을 강조한다. 상징계 너머에 실재가 있는 것이고 욕망은 죽음 속에서 자신을 보이는 실재에 대한 주이상스로 향해 간다. 남근은 이때 상징계의 한계를 지시해주는 테두리이자 상징계에서 주체를 붙들어주는 최후 보루라 할 수 있다. 그 너머에는 시니피앙의 주체 자체가 해체되는 절대 향유만 있기 때문이다.

## 남근과 성차

남근은 성적 기표이기도 한데 특히 성 정체성을 형성하고 성차를 구분 짓는 중요한 역할을 한다. 프로이트는 오이디푸스콤플렉스를 설명할 때 남녀 아이 모두 단 하나의 성 기관인 남근만을 안다고 강조하면서 거세 콤플렉스가 어떻게 상이한 방식으로 자리를 잡는지 설명한다. 프로이트 이론에서 남아와 여아는 거세 콤플렉스에 대한 태도가 다르다. 여아가 이미 거세된 존재로 자신을 인식하면서 남근 선망에 사로잡힌다면 남아는 여아의 신체를 보면서 거세 위협을 느낀다. 여아에 대한 남아의 신체적 우월감은 거세에 대한 불안감으로 바뀌면서 부모와의 오이디푸스콤플렉스적 경쟁의식을 포기하게 된다. 반대로 여아는 남근 선망 때문에 오이디푸스콤플렉스를 갖게 되고 자신을 여성으로 인정하면서 아버지를 통해 우회적으로 남근을 소유하고자 한다. 이처럼 남근과 거세에 대한 태도가 아이의 성차 분화에 중요한 역할을 하는데 프로이트는 실제 성기관인 페니스와 남근인 팰러스를 엄격하게 개념적으로 구분하지 않는다. 프로이트의 오이디푸스 이론은 전형적으로 남근을 가진 남성 중심주의에 입각해 있다고 평가할 수 있다.

하지만 라캉은 남근에 대해 프로이트와는 다른 관점에서 오이디푸스콤플렉스를 설명한다. 라캉에게 남녀의 해부학적 차이는 전혀 중요하지 않으며, 남근기에 중요한 역할을 하는 것도 실제 페니스에 대한 태도가 아니다. 라캉에 의하면 주체가 남근과 맺는 관계는 남녀 모두 동일하다.[67] 최초 오이디푸스 단계에서 아이는 어머니와의 상상적 합일을 꿈꾸면서 자신을 남근의 위치에 놓는다. 이후 남근이 되고자 하는 소망을 포기하고 상징적 남근을 소유하기 위해 아버지의 법에 굴복하면서 거세를 수용한다. 다시 말해 라캉에게 남녀 모두는 최초로 어머니를 욕망하고 아버지와 경쟁하다가 아버지를 남근의 소유자로 인정하는 것이다. 하지만 상징계에서 남근이 절대 기표로 자리 잡으면서 이것에 대한 위치에 따라 성차가 설명된다. 라캉에게 남성과 여성이라는 성차 분화는 대칭적이지도 동등하지도 않다. 왜냐하면 남성이 거세 논리에 복종하면서 스스로를 남근 기표에 일치시켜 남성이라는 보편성을 획득한다면, 여성에게는 여성성을 보편성의 차원에서 확보해주는 여성적 기표가 부재하기 때문이다. 그렇다면 라캉에 있어 성차의 분화와 성 충동은 어떻게 설명되고 남근과의 관계는 어떠한지 좀 더 살펴보자.

라캉은 자연적이고 해부학적인 성차를 인정하지 않으며 성 충동을 시니피앙의 논리로 설명한다. 모든 성은 시니피앙에 의해 구획되고 상징계 속에서 의미화됨으로써만 존재하기 때문이다. 프로이트가 성적 충동을 가능하게 해주는 원초적인 육체적 리비도를 가정하고 그것에 기초해서 성 본능의 발달을 단계별로 설명했다면, 라캉은 타율적이면서 형식적 구조인 시니피앙과의 관계에서 성적 충동을 설명한다. 라캉은 프로이트가 주목한 충동과 본능의 구별을 더 엄격하게 밀고 나간다. 라캉은 어떤 대상도 충동을 만족시킬 수 없다는 것을 강조하면서 충동은 대상의 주위를 도는 운동이라고 설명한다.[68] 좀 더 정확히 말해 충동은 결여의 주위를 맴도는 순환 자체를 의미하고 대상을 통한 만족은 처음부터 불가능하다.

라캉은 성 충동의 형성도 본능의 단계적 발달이 아니라 결여를 통해 설명한다. 그러나 결여란 아무것도 없다는 것이 아니다. 오히려 상징화의 질서를 벗어나는 무엇인가가 있다는 적극적 의미이다. 충동들은 신체적인 원천에서 기원하지만 유기체적 필요성과는 성격이 다르며, 상징계에 의해 규정되면서도 그것에서 빠져나가는 어떤 힘으로 정의할 수 있다. 충동은 만족도 모르며 상징적 질서에 완전히 길들여지지도 않는 경계 개념이다. 그러기에 충동은 문화적이고 상징적인 개념이면서 동시에 그것으로 완전하게 환원되지 않는 주체의 고유한 영역, 즉 주체의 실재와 연관된다고 할 수 있다. 실재는 상징계에 저항하고 상징계를 벗어나는 질서이다. 충동이란 상징계와의 관계에서 주체가 경험하는 존재 결여에, 주체가 성적 존재, 즉 육체를 가진 생명체로 태어날 때 겪는 실재적 결여가 중첩되면서 생기는 것이다. 라캉은 성적 재생산은 불가분하게 실재적인 신체적 상실을 가져오고, 여기에 상징계가 부과하는 죽음이 이중으로 덧붙여진다고 설명한다. 그러면서 라캉은 리비도란 비현실적 기관이라고 말하는데 그것이 우리를 빠져나가는 실재에 관계되는 것이기 때문이다.[69] 충동이란 상징계에 의해 구조화되면서 그 과정에서 찌꺼기처럼 남는 몸의 작용이라고 할 수 있다.

그럼 성 차이는 어떻게 설명될 수 있는가? 여기에서 남근이 다시 중요한 역할을 한다. 성 충동이 상징계에 의해 구획되면서 여분처럼 발생하듯이 성차도 상징계에서 남근이 수행하는 거세에 대한 태도라는 게 라캉의 설명이다. 위에서 설명한 것처럼 프로이트는 해부학적 차이를 완전히 무시하지 않는데 반하여 라캉은 시니피앙의 논리와 남근에 대한 관계를 통해 성차를 설명한다.

아버지가 부과하는 남근적 질서에 완전히 복종하면서 거세를 시인하는 입장이 바로 남성이다. 프로이트가 남자 아이의 오이디푸스콤플렉스를 성 발달의 전형으로 보았듯이 라캉은 남성적 입장을 주체 구성과 거의 동일시한다. 남성 주체는 오이디푸스콤플렉스의 극복 과정에서 라캉이 도식화한 단계들이 그대로 적용된다고 할 수 있다. 반면에 여성 주체의 경우는 사정이 더 복잡한데 상징계 내에 여성의 위치를 보장해줄 시니피앙이 없기 때문이다. 상징계에는 남녀 각각의 성차를 보장해줄 기표가 존재하지 않는다. 남근만이 유일하게 성적 시니피앙으로서 역할을 하지만 그것은 본성상 남성적인 것이다.

결국 여아의 성적 정체성 형성은 훨씬 복잡해지는데 여아가 동일시하는 자아 이상은 남아와 마찬가지로 아버지와 연관되기 때문이다. 그러므로 여자 아이는 남자 아이와 달리 주체 구성에 더하여 여성성의 획득이라는 우회로를 거쳐야 한다. 이것은 오이디푸스가 실제 성차로 발전하는 과정에서 비대칭적으로 작용한다는 말이다. 『에크리』가 출판된 당시까지 라캉은 성적 기표의 부재를 능동성, 수동성의 대립을 통해 설명하려고 했다. 그러나 이것은 대단히 불충분하며 궁극적인 성차의 설명으로 적합하지 않다.

1970년대에 들어와 라캉은 특히 여성적 입장을 주이상스와 관련해서 재정의한다. 1972~1973년에 진행된 세미나 XX, 『다시』에서 새로운 대수식을 곁들인 성차 공식을 제시한다. 성차 공식은 아래와 같다.[70]

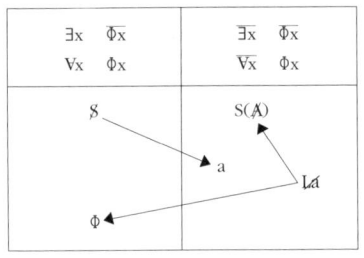

도표에서 왼쪽은 남성의 공식, 오른쪽은 여성의 공식이며, 위의 네 가지 대수식은 아리스토텔레스 논리학의 네 가지 판단 형식[71]을 라캉이 변형한 것이다. $V$는 전칭, $\exists$는 특칭, $x$는 전칭이나 특칭의 자리에 들어가는 주체, $\Phi$는 거세 혹은

남근을 말하며, ─는 부정의 뜻이다.

왼쪽에 위치한 남성의 공식은 '모든 주체(x)가 남근적 기능(Φ), 즉 거세에 복종한다'로 읽힌다. 이것이 공식 ∀x Φx의 의미인데, 그것이 가능해지기 위해서는 예외를 인정하는 특칭명제가 필연적으로 존재해야 한다. 왼쪽 상단의 특칭명제 ∃x Φ̄x는 '남근적 기능인 거세에 복종하지 않는 어떤 예외 x가 존재한다'는 뜻이다. 여기에서 둘의 관계는 특칭명제(∃x Φ̄x)가 아래의 보편 명제(∀x Φx)를 가능하게 만들어주는 필연적 조건으로 작용한다.

남성은 한마디로 보편성의 논리와 그것을 가능하게 만들어주는 일자의 논리에 충실한 존재이다. 남성 전체라는 보편성은 남근적 기능에서 벗어나는 단 하나의 예외적 존재(∃)를 가정할 때만 논리적으로 가능해지기 때문이다. 이 예외적 일자를 라캉은 프로이트가 말한 원초적 아버지, 즉 모든 여자를 독점적으로 소유하고 절대적 향유, 즉 주이상스를 누리다 아들들에게 살해된 아버지로 간주한다. 절대적인 성적 향유는 예외적으로 아버지에게만 유일하게 허용되었는데, 그 아버지는 살해된 후 근친상간 금지라는 영원한 법의 근거로 남아 아들들을 지배한다. 모든 아들들은 아버지의 예외를 인정하고, 절대적 향유를 포기하는 대가로 평등성에 기초한 형제 공동체를 보편성의 논리 위에 구성하게 된다. 그러나 모든 아들들은 언제나 금지를 넘어 예외적 존재였던 아버지가 누렸던 절대 향유를 환상적으로 꿈꾼다.

두 가지 대수식으로부터 남성의 위치는 거세된 존재 $- 와 남근적 기표 Φ에 의해 설명된다. 남성의 위치는 시니피앙에 의해 빗금 처진 거세를 인정하면서 자신을 말하는 주체($)로 상징계에서 구성하는데 성공한 성적 주체의 위치라 할 수 있다. 그러나 거세의 대가는 주이상스의 포기이기에, 언제나 결여의 자리(Φ)를 메울 환상 대상 a를 좇으면서 그것을 매개로 절대적 향유를 꿈꾸는 존재가 바로 남성이다. 흔히 남성이 보편성의 논리에 충실하고 수직적 질서와 도덕성에 충실한 것은 이것을 통해 설명될 수 있다.

이제 여성의 공식을 살펴보자. 오른쪽 위쪽에 표시된 여성의 대수학 공식($\overline{\exists x}\ \overline{\Phi x}$)은 보편성이 아니라 '전체가 아님(pas-toute, not-all)'의 논리를 추구하는 성적 위치이다. 이것은 $\overline{\forall x}\ \overline{\Phi x}$, 즉 '모든 주체가 남근적 기능, 즉 거세에 복종하는 것은 아니다'로 요약된다. 여기서 중요한 것은 보편성의 부정, 즉 $\overline{\forall x}$이고 그것을 가능하게 만들어주는 예외적 존재를 인정하지 않는 것($\overline{\exists x}\ \overline{\Phi x}$)이 여성의 성적 위치라는 것이다. 여성은 거세에 대한 예외적 일자를 인정하지 않고, 그 자리에 도달하는 것을 꿈꾸지도 않는데 이러한 입장이 역설적으로 남근을 넘어서는 주이상스를 가능하게 만들어준다. 라캉은 여성적 위치를 설명하면서 형식논리학의 근간인 일자 혹은 동일성의 사유를 거부하고 '전체가 아님(pas-toute)' 혹은 '비非전체'의 새로운 논리학적 가능성을 제시하고 있다. 대수식으로부터 여성의 위치는 결여된 대타자 $S(\bar{A})$와 환상 대상 a와 동일시된다.

여성성은 한편으로는 전체성의 논리에서 벗어나기에 보편성을 획득하는 데 실패한다. 남성과 달리 여성을 지칭해줄 보편성의 시니피앙이 없으므로 라캉은 보편적 여성성을 뜻하는 정관사 'La'를 빗금으로 지운다. 빗금의 의미는 '여성이라 부를 만한 것은 없다'는 뜻이다. 여성은 전체가 아니라 언제나 개별적 존재로만 존재한다는 게 $\bar{La}$의 의미이다. 이와 같은 성차 공식으로부터 여성과 남성의 대등한 성적 결합은 불가능하다는 결론이 나오는데 그것이 "성적 관계는 없다."라는 말의 본래적 의미이다. 남성은 보편성의 논리에 의해, 여성은 개별성의 논리에 의해 특징지어지고 보편적 여성의 기표가 존재하지 않기 때문에 둘의 대등한 결합은 상징계에서는 원천적으로 불가능하다. 그러나 여성의 성적 위치는 개별성의 논리에 따라 남성적 위치가 경험하지 못하는 다른 향유에 근접하는 소수적 특권이 부여된다고 말할 수 있다.

남성 전체가 상징계가 부과하는 남근적 향유에 머문다면 여성에게는 비남근적 향유, 즉 추가 향유가 가능해진다. 대수식에서 보듯 모두가 거세된 것은 아니라면 누군가는 거세가 금지한 향유를 누릴 수 있다는 결론이 도출되기 때문이다.

하지만 여성의 위치는 실제 생물학적 여성의 입장이 아닌 논리적 구별이다. 실제로 여성이라는 성은 남녀 모두에게 대타자가 된다. 그것은 미지의 영역이고 향유를 누리는 신비한 대타자 자체이다. 이러한 여성성은 영화나 문학에서 남성을 유혹해서 파탄시키는 '팜므파탈'의 이미지에 가깝다고 할 수 있다. 모든 여성이 팜므파탈은 아니지만 여성은 거세에 대한 독특한 위치 때문에 그럴 수 있는 개연성을 갖고 있다고 할 수 있다. 성차 공식에서 설명되는 여성성은 거세된 남성 주체에게 환상 대상 a로 다가오는데, 남성과 여성은 환상 대상 a를 수단으로 삼아 향유를 추구하면서 '여성이 무엇인가'를 끊임없이 묻는다. 프로이트가 문제시한 여성의 욕망을 라캉은 향유와 연관시켜 극단까지 밀고 나간다. 거세된 남성 주체와 절대적 대타자의 향유를 누리는 여성 간에는 메울 수 없는 거리가 있다. 말하는 주체(남성)가 여성 자체를 향유의 수단처럼 정복하려고 하면 할수록 그것은 상징계 너머로 멀어질 수밖에 없다. 그러기에 불가능한 사랑은 영원히 '다시' 한 번 더를 반복할 수밖에 없는 운명이 되는 것이다.

# 임상과 세 가지 정신 구조: 정신병, 신경증, 도착증

　임상은 정신분석이 적용되는 실천 영역으로 무의식 주체와 욕망의 진실을 드러내는 생생한 분석적 경험과 관계된다. 라캉은 정신의학자로서 편집증 연구를 하면서 프로이트주의와 인연을 맺었으며, 상상계·상징계·실재계를 중심으로 무의식의 새로운 지형도를 그려냈다. 임상에 대한 라캉의 공헌은 부정의 세 가지 형태를 중심으로 정신병, 신경증, 도착증을 설명한 데에 있는데, 그것이 오늘날 정신분석 임상의 골간이 되고 있다. 부정은 거세에 대해 주체가 보이는 태도인데 라캉은 거세를 상징적 작용으로 설명한다. 세 가지 진단법과 말하는 주체라는 새로운 개념을 토대로 라캉은 프로이트의 고전 임상들을 재해석한다. 『에크리』에서는 특히 도라, 쥐인간, 늑대인간, 슈레버 판사, 꼬마 한스 사례에 대한 라캉의 분석을 곳곳에서 찾아볼 수 있다. 독자는 특히「예비적 문제에 대하여」「정신적인 인과성에 대한 설명」「치료의 방향과 그 힘의 원리들」등 임상을 주제로 삼은 글들을 통해 라캉 임상 이론을 살펴볼 수 있다.

라캉이 정신병, 신경증, 도착증을 핵심 범주로 구별하는 것은 단순히 진단을 위한 것이 아니라 그것이 정신 구조를 드러내주는 세 가지 기준이 되기 때문이다. 이 구별의 근거는 거세와 남근에 대한 태도이다. 정신병은 거세의 수행자로 등장하는 아버지의 기능이 제 역할을 하지 못한 것에 기인하는데 라캉은 이를 폐제(Verwerfung)라 부른다. 신경증과 도착증은 프로이트가 이미 구분한 억압(Verdrängung)과 부인(Verleugnung)의 개념을 통해 설명한다.

## 정신병(psychose)

라캉은 박사 학위논문 시기부터 이미 편집증에 각별한 관심을 가졌지만 이 시기에는 아직 시니피앙 논리에 근거해서 정신병의 구조를 해명하지는 못했다. 라캉은 1955~1956년 정신병을 주제로 한 세미나[72]에서 '아버지의 이름(Nom-du-Père)'이란 개념을 대문자로 표기하고 중요성을 부여하면서 이 시니피앙이 폐제된 결과가 정신병이라고 설명한다. '아버지의 이름'은 주체를 어머니와의 상상적 합일의 단계에서 빠져나오게 하고 상징계로 이끄는 아버지의 기능과 법을 대표하는 제1시니피앙이다. 아이는 '아버지의 이름'을 받아들임으로써 상징계로 들어오는데 라캉이 "한 시니피앙이 또 다른 시니피앙을 위해 주체를 대리한다."라고 말할 때 한 시니피앙이란 바로 '아버지의 이름'을 말하며 또 다른 시니피앙은 상상계에 속한 어머니 욕망의 시니피앙을 가리킨다. '아버지의 이름'이 오이디푸스콤플렉스 극복 과정에서 아이에게 제대로 자리 잡지 못하고 거부될 때 아이는 욕망하는 주체로서 자신을 구성하는 데 실패한다.

그러므로 '아버지의 이름'은 여러 시니피앙 중 하나가 아니라 시니피앙 전체를 떠받치는 주춧돌 같은 것으로 그것이 폐제되면 상징계 전체에 심각한 문제가 생긴다. 시니피앙 논리에 따르면 의미의 영역인 시니피에와 언어의 순수 질료이자 형식인 시니피앙은 대등하게 결합하는 게 아니라 시니피에가 시니피앙 밑으로 계속해서 미끄러진다. 여기에서 의미화가 생산되기 위해서는 고정점 역할을 하는 최초 시니피앙이 상징적 동일시를 통해 주체 속에 정착되어야 하는데 이것의 실패가 폐제이다. 결국 상징계의 정상적 작동이 방해를 받고 아버지의 기능이 상상계적 작용으로 환원되는 것이 정신병의 메커니즘이다.

라캉은 특히 슈레버 판사 사례[73]를 연구하면서 몇 가지 점에서 프로이트를 수정하고 보완하는데 이때 폐제 이론을 본격적으로 활용한다. 프로이트가 슈레버 판사의 편집증을 동성애에 대한 방어를 위해 망상을 발전시킨 것으로 설명한다면, 라캉은 '아버지의 이름'이 제대로 정착하지 못하고, 상징계의 법이 제대로 기능하지 못한 데서 근본 원인을 찾는다. 라캉은 광기가 망상의 특징을 띠는 것은 상징계에 구멍이 뚫리면서 그 틈새를 상상계가 대신하기 때문이라고 말한다.

슈레버의 예에서 가장 큰 특징은 여성이 되는 것과 박해 망상이 두드러진다는 것인데 '아버지의 이름'이 상징계의 법으로 받아들여지는 것이 거부되면서 직접적인 환각 형태로 주체에게 돌아오기 때문이다. 슈레버의 망상은 모두 아버지의 형상과 관계있는데 이것은 폐제의 후유증 때문이다. 한 예로 슈레버 판사의 아버지는 유명한 교육자였는데 아버지를 상징하는 교육 도구가 슈레버의 망상에서 고문 도구로 보인다. 그리고 슈레버가 여자로 변하여 새 종족을 낳아 세상을 구원할 임무를 신으로부터 부여받았다고 믿는 성전환 망상과 구원자 망상도 신에 대한 태도와 관계된다. 슈레버에게 신은 아버지의 형상을 대신하는 것이다. 신에 대한 슈레버의 모순적 태도, 즉 극도의 공경과 비난은 오이디푸스콤플렉스 시기 아이가 아버지에게 보이는 양가적 태도를 잘 보여준다.

여기에서 망상은 본질상 주체가 만들어낸 환상이라기보다 상징계에서 배제된 것이 되돌아오는 것인데 그것은 또한 실재의 귀환이라 할 수 있다. 실재는 상징계를 매개로 해서만 주체에게 인식되지만 정신병에서는 그것이 환각의 형태로 직접 체험되는 것이다. 그러나 정신병에서 보이는 망각이나 환상은 정신병의 핵심 구조가 아니라 증상의 하나일 뿐이다. 히스테리에도 환상이 작용하기 때문에 환상을 정신병의 본질로 볼 수 없다. 신경증 환자와 달리 정신병자는 자기가 보는 환상을 의심하지 않고 확신하는 경향이 있는데 그것은 정신병의 구조 때문이다. 라캉의 소외와 분리 도식[74]을 적용해 본다면 정신병자는 타자가 부과하는 상징계의 법에 대해 순응하면서 소외를 인정하는 대신 이를 거부하는 자이다. 그러므로 대타자가 허용하는 상징적 질서를 통해 현실과 상상을 구분할 수 없는 것이다.

다음으로 정신병에 두드러진 특성은 언어장애인데 이것도 부성 은유의 실패와 연관 지을 수 있다. 라캉에 의하면 신경증 환자가 언어 속에 거주하는 자라면 정신병자는 언어가 그 속에 거주하고 그를 소유하는 경우이다.[75] 다시 말해 신경증 환자가 소외를 겪으면서도 언어를 주체의 세계로 받아들이고 그것을 통해 대상관계를 맺는다면, 정신병자는 언어의 주체가 되지 못한다. 거울 이미지가 효력을 발하는 상상계의 질서가 상징계에 의해 대체되고 질서 지어지지 못한 채 여전히 모성적 이마고와 융합된 방식으로 주체에 영향을 미치기 때문이다. 상징계는 부성 은유를 통해 '아버지의 이름'이 주체 정체성의 근거로 자리 잡는 순간 그것을 기점 삼아 구성되는데 정신병은 최초 기표가 정착하지 못하고 실패한 경우이다. 따라서 정신병자는 여전히 상상계의 지배를 받는데 상상계는 주체를 허구적인 통합의 질서에 묶어두면서 소외시킨다. 정신병자도 언어를 말하기는 하지만 상징계 질서가 부여하는 상호 주체성의 관계에서 주체로 자리 잡지 못하기에 타인의 언어를 상상계적 모방에 근거해서 흉내 낼 뿐이다. 당연히 정신병자와의 언어 소통은 어려움을 겪는데 라캉은 그것의 본질이 논리성의 결여가 아니라 의미의 창출, 즉 은유의 실패라고 말한다.

라캉은 슈레버를 분석하면서 정신병자의 언어적 구조는 은유 능력의 결여에 있다고 강조한다. 은유란 시적 창조를 가능하게 만드는 것인데 그것은 주체가 상징계의 질서를 온전히 수용할 때 가능하다. 슈레버의 글에는 시적 창조성이 결여되어 있는데 그것이 정신병의 고유한 언어적 상황이다.[76] 정신병에서는 주체를 상징계로 이끄는 '아버지의 이름'이 폐제되었기 때문에 상징적 질서 속에서 대타자와 마주하는 주체의 자리도 없으며, 의미화를 고정시킬 고정점도 존재하지 않는다. 그러므로 시니피에들은 끊임없이 시니피앙 밑으로 미끄러져 가며 타인과의 합리적인 의사소통은 불가능하다.[77] 정신병자의 언어는 단절되고 논리적 일관성을 잃기 쉬우며, 자신만의 용어를 사용하거나 의미를 멋대로 바꾸는 식으로 폐쇄적인 경우가 많다. 정신병자는 타자를 배려하지 못하는데 상호 주체성의 구조가 언어 속에 자리 잡지 못하기 때문이다. 그 모든 것은 '아버지의 이름'이 폐제되면서 상징계의 질서가 제대로 자리를 잡지 못한 데서 기인한다.

마지막으로 정신병에 두드러진 특징은 신체적 충동, 즉 주이상스에 온전히 노출된다는 것이다. 신경증은 상징계적 질서에 순응하면서 제한적으로 충동을 즐기려고 하지만, 정신병은 육체에 대한 관계가 직접적이고 전체적이다. 슈레버에게 보이는 황홀한 관능성의 체험, 극단적인 고통과 그것이 빛살에 의해 치유되는 느낌, 여성으로 변화되는 신체 등은 모두 상징계에 매개되지 않는 직접적인 주이상스 체험이라 할 수 있다. 정상 주체는 충동을 발산하고자 할 때 쾌락원리의 지배를 받는데, 정신병자는 제한 없는 주이상스를 소망한다. 그리고 여성적 신체와 연관되는 슈레버의 신적 관능도 아버지에 대한 상상적 성애 관계가 직접적인 육체의 체험으로 작용하는 것이라 말할 수 있다.

이상에서 보듯 정신병은 상징계의 핵심 시니피앙의 폐제

에 의해 구조화된다.

### 신경증(névrose)

라캉은 프로이트가 신경증과 정상의 차이를 구조적 차이가 아닌 양적 차이로 규정한 관점을 계승하여 정상, 비정상의 대립을 거부하면서 신경증을 정신 구조의 하나로 제시한다. 신경증은 정신병과 달리 '아버지의 이름'을 받아들이고 상징계로 들어오면서 억압 때문에 형성되는 것으로, 사실상 말하는 주체의 보편적 구조이다. 주체는 신경증 환자가 되면서 자신을 구성한다고 말할 수 있는데 프로이트는 이미 오이디푸스콤플렉스가 신경증의 핵이라고 지적한 바 있다.

신경증이 하위 범주인 히스테리와 강박증으로 구별되는 것은 본질적인 차이가 아니라 결여를 대하는 태도의 차이일 뿐이다. 히스테리 환자는 타자의 욕망에 초점을 맞추어 타자의 욕망을 통해 자신의 욕망을 보면서 결여에 대처하고자 한다. 반면에 강박증 환자는 본질상 불가능한 욕망을 꿈꾸면서 자신의 자리를 욕망 속에서 유지하고자 한다. 신경증이 말하는 주체의 보편적 구조라고 한다면 치료의 목표는 신경증을 없애는 것이 아니라 억압에 대한 주체의 위치를 바로잡는 것에 맞춰져야 한다.

신경증의 메커니즘을 알기 위해서는 억압에 대해 이해할

필요가 있는데 라캉이 말하는 억압의 대상은 표상이나 정서가 아니라 시니피앙이다. 억압되는 기표는 물론 주체가 욕망했던 최초 모성적 기표로, 두 번째 기표에 의해 대리되면서 영원히 사라지게 된다. 억압은 시니피앙을 대상으로 삼지만 주체에게는 존재 상실의 경험을 가져오는데 시니피앙이 주체를 대리하면서 동시에 사라지게 하기 때문이다. 부성 은유는 상상적 남근에 대한 상징적 거세로 주체는 아버지의 법에 복종할 때 존재의 일부분을 잃어버리게 된다. 이 상실된 존재가 주체에게 던지는 물음이 바로 신경증 환자가 겪는 증상들이다. 라캉은 신경증이란 "존재가 주체에게 묻는 질문이다."[78]라고 정의한다. 히스테리가 성에 대한 질문이라면 강박증은 존재와 죽음에 대한 질문이다. 이 질문은 물론 대타자와의 관계에서 탐문된다.

정신병의 구조가 대타자가 배제되고 소타자가 의사소통의 중심 역할을 대신하는 것이라면, 신경증은 주체와 대타자와의 관계에 의해 지배된다. 신경증 환자는 대타자의 담론과 욕망에 의존하면서 상징계 속에서 결여된 존재로 자신을 느낀다. 결여된 존재로 느낀다는 말은 주이상스에 대한 태도에서 두드러지는데 정신병자와 달리 신경증 환자는 주이상스를 전적으로 누리려고 하는 대신 남근적 주이상스에 만족하고자 한다. 다시 말해 신경증 환자는 상징계적 질서가 부과한 범위 내에서 향유를 모색한다. 그러면서도 또 한편으로는 그 한계를 넘어가고자 하는 욕망도 완전히 포기하지 않는다. 그럼 신경증 환자는 어떤 식으로 욕망을 누릴까?

신경증 환자가 욕망을 추구하는 방식이 바로 환상 대상 a를 통하는 것인데 라캉은 이를 환상 공식 $\$ \Diamond a$로 표기한다. a란 특정한 대상이 아니라 결여의 흡인력을 상징하는 기호로서 주체는 이를 타자 속에서 추구한다. a는 결코 획득될 수 없는 대상을 지시하며, 환상을 통해 끊임없이 주체를 유혹하므로 라캉은 이를 욕망의 진정한 원인이라고 부른다. a는 또한 상징계적 질서에 포함되지 않는 찌꺼기를 의미하기도 하는데 나중에 라캉은 이를 잉여 향유의 원천이라고 부르기도 한다. 잉여 향유란 그 자체의 사용가치가 아니라 향유를 약속함으로써 주체를 끌어당기는 것인데 상징계로 들어오지 못하는 실재와 관계된다.

환상 대상이 주체에게 효과를 발휘하기 위해서는 대타자가 부과하는 상징적 거리를 유지하는 것이 필요하므로 최초 억압과 그것에 이어지는 이차 억압이 전제 조건이 된다. 억압은 포기를 동반하는데 어떤 현실이 먼저 긍정된 후에 포기될 때 억압이 성공할 수 있다. $\$ \Diamond a$ 공식이 의미하는 것은 주체가 결여를 받아들이면서 대상 a를 통해 무의식적 환상 속에서 욕망의 적극성을 실현한다는 것이다. 만약 결여가 인정되지 않거나 자신이 타자의 결여를 충족시키는 대상으로 전락하면 욕망의 주체는 성립될 수 없다. 주체가 대타자의 향유를 위해 제공되는 대상의 지위로 축소되는 것이 세 번째 구조인 도착이다.

그러나 성공적인 억압이란 없는데 억압된 것은 반드시 돌아오기 때문이다. 억압된 것의 회귀가 바로 신경증의 증상들이며, 정상 주체라도 증상을 조금씩은 보이기 마련이다. 중요한 것은 자신을 욕망의 주체로 세우려면 결여와 더불어 현실의 환상적 성격을 그 자체로 인정하는 것이다. 그것은 타자의 욕망에 적절히 거리를 두고, 환상을 주체의 긍정적 힘으로 유지하는 것이다. 신경증 환자는 대상을 통한 절대적 만족을 꿈꾸지 않는다. 절대적 만족이란 주체의 소멸을 가져오기 때문에 사실상 불가능하다. 그러므로 말하는 존재인 우리 모두는 영원히 신경증 환자로 남을 수밖에 없다. 왜 라캉이 분석은 신경증의 치료가 아니라 주체의 위치 설정을 겨냥해야 한다고 말했는지를 알 수 있을 것이다.

### 도착증(perversion)

라캉은 도착증을 단순히 성기적 성행위를 벗어나는 모든 형태의 성적 일탈을 가리키는 것으로 보는 프로이트적 관점을 거부하고 그것을 근본적인 정신 구조의 하나로 제시함으로써 인간의 성이 문화적이라는 프로이트의 관점을 더 발전시킨다. 도착은 거세를 인정하지 않는 부인[79]에서 비롯되는데 부인이 생기는 것은 오이디푸스콤플렉스의 극복 과정에서 보이는 상상적 남근에 대한 과도한 집착 때문이다. 도착은 정확히 어머니의 거세 현실을 부인하면서 거세를 보충하고 감춰줄 대상들에 자신을 동일시하는 것을 말한다. 도착에 대한 라캉의 설명을 보자.

> 도착의 모든 문제는 분석에서 육체적인 의존이 아니라 사랑에 대한 의존성, 즉 어머니의 욕망을 욕망함을 통해 구성되는 어머니와 아이의 관계에서 아이가 어머니의 욕망을 충족시키는 상상적 대상에 스스로를 어떤 방법으로 동일시할 것인가와 연관된다. 이 상상적 대상은 어머니 자신이 남근 속에서 상징화시키는 그런 대상이다.[80]

도착의 양태는 동성애, 페티시즘, 사도·마조히즘, 노출증, 관음증 등 다양하지만 본질에 있어서는 주체가 타자의 욕망을 충족시켜주는 대상에 스스로를 환상적으로 동일시하는 것이다. 그것은 타자의 결여를 대상을 통해 메움으로써 거세의 현실을 부인하려는 노력이다. 도착은 무엇보다 충동과 관계가 있는데 주체가 자신을 한갓 대상의 지위로 전락시키면서 타자의 향유의 도구가 되기 때문이다. 충동은 원래 부분충동의 형태로 존재하며, 부분 대상들과 관계를 갖는다. 신경증과 달리 도착에서 주체의 자리는 상상계로 환원되고 타자의 주이상스가 도착의 구조를 전적으로 지배한다. 그러나 도착은 그 본질에서 보면 거세를 받아들이면서 쾌락원리가 부과하는 질서에 순응하는 신경증과 달리 주이상스의 극한까지 가보려는 것으로 충동의 적극성을 잘 보여주기도 한다. 주체는 환상을 통해 대상의 지위로 떨어지지만 그런 희생을 통해 충동의 향유를 보장받을 수 있게 된다.

라캉은 「칸트와 사드」에서 도착의 공식을 제시하면서 사드가 이런 도착적 주이상스를 통해 법에 의존하는 칸트적 윤리의 한계를 전복시켰다고 지적한다. 라캉이 제시한 도착의 공식은 $a \diamond \$$[81]로 신경증 환자의 환상 공식을 뒤집은 것이다. 칸트의 윤리에서는 주체를 가능하게 만드는 법에 대한 주체의 절대적 복종에 의해 지탱되는 순수 욕망이 강조된다. 주체는 대타자의 법에 무조건 순종해야 한다. 칸트의 욕망은 대타자의 법에 순응하면서 자신을 분열된 주체로 받아들이는 신경증 환자의 제한된 욕망에 가깝다. 반면 사드적 악덕과 잔인함은 주체의 자리를 대타자의 주이상스를 위한 제물인 대상 a로 환원하면서 충동의 만족을 추구한다. 칸트의 정언명법이 욕망을 구제하는 대신 욕망의 대상을 무화시켜 사라지게 만

든다면, 사드의 도착은 쾌락원리를 넘음으로써 충동과 대상을 다 같이 살린다. 즉 '너는 대타자의 법에 충실해야만 한다'가 칸트식 명제라면, '너는 즐겨야 한다'는 명령이 사드적인 도착의 본질이라 할 수 있다. 라캉에 의하면 사드야말로 정신분석이 무의식적 욕망을 통해 강조하는 전복적 가치를 그 극단까지 밀고 감으로써 충동의 극한에서 실재의 향유를 발견할 가능성을 열어준 사람이다. 욕망의 한계는 죽음 너머의 주이상스로 초월될 수 있다는 데서 사드는 칸트의 완전한 전복인 것이다.

그럼 여기에서 도착은 신경증에 대해 우월성을 지닌다고 성급하게 결론내릴 수 있을까? 칸트와 사드의 대치는 상징계와 실재계의 대립에 대한 은유라 할 수 있다. 실재계는 충만한 것이고 절대적인 것이지만 상징계와 무관하게 존재하는 것도 아니고 둘의 관계가 우열도 아니다. 우리는 상징계를 매개로 하지 않고서는 실재계에 대해 절대 알 수가 없다. 그리고 충동도 시니피앙의 작용에 의해서 발생하는 것이지 자연적 육체에서 기원하는 힘이 아니라는 것이 라캉의 생각이다. 주이상스는 상징계와 무관한 자연적인 육체가 누리는 그런 쾌락이 아니다.

그리고 라캉은 도착이 신경증의 전도된 방식이기는 하지만 신경증과 동등한 수준에서 구조화되어 있다고 강조한다.

그것은 타인의 욕망을 위한 것이든 주체의 욕망을 위한 것이든 욕망의 대상은 현실 대상과 무관하고 언제나 환상의 대상이기 때문이다. 도착증에 있어서도 환상은 중요한 역할을 한다. 그런데 환상이야말로 본질적으로 결여된 존재를 상징계에서 유지하려는 주체의 작용이라 할 수 있다. 그리고 도착증도 절대적 향유를 위해 법을 폐지하려는 위치가 아니라 그 법의 테두리에서 움직인다. 브루스 핑크가 지적한 것처럼 도착증 환자는 주이상스를 금지하는 거세 자체를 무대화시키면서 이로부터 쾌락을 얻는다고 말할 수 있다.[82] 단지 외형적으로 도착에서는 욕망이 대타자의 향유에 종속된 것처럼 나타나고, 신경증에서는 주체의 욕망처럼 나타난다. 그러나 신경증의 경우에는 억압의 메커니즘이 쾌락원리의 한계 내에서 진행되면서 분리[83]가 수행되지만, 도착증자는 좀 더 적극적으로 주이상스에 몰두하면서 분리를 수행하는 차이가 있다.

# 실재, 주이상스, 승화

　실재(réel)는 라캉 사상에서 가장 어렵고 모호한 부분이며 오해도 많이 불러일으키는 개념이다. 실재는 1950년대 이후 상징계가 중요하게 부각될 때부터 상징계에 대립되는 막연한 어떤 것처럼 묘사되다가, 『에크리』가 출판된 이후로 점차로 상징계보다 중요성이 커진 개념이다. 실재는 원래 헤겔을 비롯한 철학자들이 현실적인 어떤 것 혹은 가상적인 것과 대립되는 어떤 영역을 지시할 때 사용한 개념이다. 라캉은 실재를 프로이트가 심리적 현실이라 불렀던 것, 즉 성적 욕망과 에너지 그리고 그것에서 비롯되는 환상들과 결합시키면서 발전시킨다. 실재는 나중에 충동 개념, 특히 죽음 충동과 결합되면서 주이상스가 향하는 상징계 너머의 절대적 영역으로 정의된다. 실재에 도달하는 것은 인식에 의해서가 아니라 죽음에서만 가능해지는데 이것이 욕망의 최종 귀착점이라는 게 특히 「칸트와 사드」「'현실원리'를 넘어서」 등에서 논의되고 있다. 실재는 욕망의 역동성에 대한 라캉의 답이자 정신분석이 목표로 삼는 진리의 상관물이기도 하다. 주체와 시니피앙의 관계가 안정적일 수 없다는 것은 실재계를 도입할 때 분명해진다. 1970년대 이후로 라캉은 쾌락원리를 뛰어넘는 주이상스를 강조하면서 그것의 징후를 네 번째 보로메오 매듭으로 제시하기도 한다. 논리적으로 불가능하면서 주체를 엄습하는 유령 같은 효과로 작용하는 실재계는 라캉 이론의 최후 대안이다.

**실재란 무엇인가**

실재계 역시 상상계, 상징계와의 대립 속에서 의미를 파악할 때 그 본래적 내용이 분명해진다. 라캉은 처음에 막연히 상상적인 것에 대립되는 어떤 것을 실재라고 불렀지만 언어와 연관시켜 충동과 리비도 개념을 설명하면서 실재 개념을 상징계와 관련시켜 재정의한다. 라캉에 의하면 실재계란 무엇보다 상징계가 주체의 의미 세계인 현실로부터 배제한 부분으로, 상징화를 벗어나는 모든 영역을 다 실재라 할 수 있다. 일상 속에 나타나는 환상, 주체 탄생 시 잃어버린 어떤 것, 언어적 질서로 표현하지 못하는 욕구의 찌꺼기, 하나 됨을 이루지 못하는 불가능한 성관계 등이 그것이다. 실재는 상징화에 저항하고 기표들의 질서에 동화되지 않는 모든 질서이다.[84]

주체는 상징계만을 알기에 기표들의 질서에 의해 포획되지 않는 것은 존재하지 않는 것이나 마찬가지이다. 그렇지만 실재계가 상징계를 벗어난다고 해서 그것이 존재하지 않는다고 할 수는 없는데 실재는 끊임없이 자신을 드러내기 때문이다. 그럼 실재란 어떻게 정체를 드러내는가? 실재는 상징계가 부과하는 기표적 질서에 동화되지 않으면서도 계속해서 상징화를 요구함으로써 상징계의 지배력에 균열을 가져온다. 라캉이 말한 "실재계가 쓰이지 않기를 멈추지 않는다."[85]라는 말의 의미가 이것이다. 상징계가 실재를 묘사하려는 순간 실재는 또다시 사라지고 그렇게 사라지는 부정적 효과를 통해 또 다른 상징화를 재차 요구한다. 라캉은 실재계를 상상이나 상징화가 불가능한 것이라 묘사하면서 그것이 존재하는 방식을 다음처럼 묘사한다.

> 우리는 실재를 불가능한 것으로 정의하려 한다. [……] 실재는 쾌락원리에 대한 장애물 형태로 나타난다. [……] 불가능성은 본질로서 또 다른 장에 나타난다.[86]

실재는 쾌락원리를 벗어나면서도 그것에 대해 간섭하는 모습으로 나타나는 것이다. 그렇기에 실재는 반복의 근원이 되며, 상징계의 틈을 뚫고 나오는 낯선 대상의 형상으로 흔히 예술적 영감의 원천이 되기도 한다. 라캉이 실재에 대한 생각들을 『에크리』에서 자세하게 논의하지 않았지만 그럼에도 기본적인 생각과 정의는 여기저기 암시되고 있다. 실재 개념을 통해 우리는 왜 라캉이 프로이트가 말년에 개념화한 죽음충동을 그렇게 중시하는지를 이해할 수 있다. 실재에 대한 라캉의 생각들을 몇 가지로 정리해보면서 실재계가 어떻게 욕망의 귀착점이 되는지 살펴보자.

첫째, 실재는 상징계에 동화되지 않는 여분 혹은 상징화에 대한 저항을 통해 자신을 알리는 것이다. 라캉은 부성 은유라는 개념을 통해 오이디푸스콤플렉스를 재정식화하면서 상징계를 인과적 차원에서 중시하지만 동시에 상징계에서 벗어나는 어떤 것에 대해서도 강조하는데 그것이 바로 실재이다. 실재에 대해 정의할 때 우리는 '사후 작용'의 논리를 적용해볼 수 있는데 실재계란 언어보다 먼저 존재하는 것이지만 언어를 통하지 않고서는 알 수 없는 그런 것이기 때문이다. 실재가 언어적인 것을 벗어나는 부정적인 것이라는 의미는 언어의 한계를 보여주면서 욕망을 끌어당기는 원인이 된다는 뜻이다. 1959~1960년에 진행된 세미나 VII, 『정신분석의 윤리*L'éthique de la psychanalyse*』에서 라캉은 실재계가 잃어버린 대상의 모습으로 주체에게 다가오는 것을 물(Ding)이라 지칭하면서, 대상을 물의 지위에 고양시키는 작업을 승화라고 정의한다. 이때 물은 실재에 의해 뒷받침되는 것으로 욕망의 궁극적 대상이다.

실재는 언제나 그 자리에 있으며, 주체가 도래하기 전에 이미 그곳에 존재하고 있다.[87] 시니피앙에 의해 구성되는 상징계는 자신이 표상하는 영역으로부터 이 실재를 배제하면서 현실 세계를 구성하게 된다. 상징계가 구성되기 위해서는 상징화에 들어오지 않는 부분을 사유로부터 배제할 수밖에 없는데 이 여분은 주체에게 불안의 효과로 작용한다. 상징계 자체는 이 이종異種 구조이자 여분인 실재계의 배제 위에서만 유지된다. 그런데 주체는 상징계를 끊임없이 위협하는 실재계를 죽음의 효과로 경험한다. 헤겔이 지적한 것처럼 언어는 사물의 살해, 즉 사물을 상징적인 기호로 대체시킴으로써 가능해지기 때문이다. 주체는 말을 하기 시작하면서부터 사물에 대한 직접적 접촉을 박탈당하는데, 대상을 마주 대할 때 항상 언어적인 규정과 상징이 사물 관계를 매개하기 때문이다. 이러한 상실은 실재에 대한 열망을 부르는데 이것이 나중에 주이상스의 토대가 된다. 언어는 그렇기 때문에 주이상스의 원인이다.

둘째, 실재는 주체의 원초적 현실이라고 할 수 있다. 이 현실은 성적인 현실이자 육체이기도 한데 상징계 질서에 의해 재편되고 질서가 부여되면서 비로소 인식의 대상이 된다. 아이의 탄생을 보면 자연적 육체를 가진 아이는 아직 주체라 할 수 없는데 상징계가 그에게 자리를 부여하지 않았기 때문이다. 아이는 대타자의 호명에 응하면서 원초적 욕구들과 자연적 신체를 시니피앙의 연쇄에 의해 대체하고 언어적 형태로 바꿀 때에만 존재성을 획득하게 된다. 이 과정은 필연적으로 억압을 낳기 마련인데 욕구와 요구는 언제나 어긋날 수밖에 없기 때문이다. 그러므로 상징계에 편입되지 않는 여분이 남기 마련이다. 그것이 충동의 대상이자 원천인 육체적 실재이다. 성적인 것은 상징계에 의해 질서 지어지면서도 동시에 상징화를 거부하는 주체의 신체와 이것에 연관된 찌꺼기를 지칭하는 것이라 할 수 있다.

육체란 주체의 원초적 현실로서 주체에 대해 내부적이면서 동시에 상징계적 질서가 기입되고 외부와 소통하는 타자적인 질서이기도 하다. 육체는 시니피앙의 연쇄에 의해 주체의 토대로 상징화되면서도 자신 속에 늘 배제된 부분을 남기기 마련이다. 그런데 배제된 것 혹은 억압된 것은 사라지지 않고 반드시 다시 돌아오게 되어 있다. 이때 실재는 환각적 형태로 상징계에 침투한다. 특히 라캉은 정신병의 사례들에서 볼 수 있는 환각이 억압된 것의 회귀와 관계된다고 말하면서 그것을 실재계의 예시로 제시한다. 예를 들어 프로이트가 분석한 '늑대인간'의 사례에서 늑대인간이 본 잘린 손가락의 환상은 라캉에 의하면 실재계의 출몰이다.[88] 이런 의미에서 라캉은 실재를 광기의 장소로 정의하기도 한다. 라캉은 『에크리』 곳곳에서 편집증 환자 슈레버에 대해서 언급하면서 환각의 형태로 상징계에 침투하는 실재의 효과에 대해 설명하고 있다.

마지막으로 실재는 균열이 없는 충만한 것으로 절대적인 것이다.[89] 상징계가 상징화에 수반되는 차이와 제한의 질서라면 실재는 무한함과 통합의 질서이다. 실재는 안과 밖의 구분도 대상과 주체의 구분도 없는 그런 것이다. 상징계는 이런 실재계에 변별적 질서를 도입하면서 의미의 세계를 건설하는데 그러면서 실재계에 구멍을 내게 된다. 상징계의 효과로 탄생한 주체는 본성상 의미화의 사슬을 벗어나는 실재에 다가갈 수 없는데 이러한 불가능성은 주체에게 금지, 즉 법으로 인식된다. 하지만 이 금지가 역설적으로 그 너머에 무언가 있을 것 같은 착각을 만들며 금지를 위반하고 싶은 욕망을 불러 일으킨다.[90] 이것은 사실상 불가능한 대상에 대한 금지이므로 모순일 수밖에 없다. 이 불가능한 욕망을 주이상스라고 하며, 이것이 지향하는 대상이 바로 절대적 숭고함인 실재이다.

인간에게 대타자가 허용하는 질서인 언어적 한계를 뛰어넘으려고 하는 주이상스의 갈망은 그러기에 상징계의 이면인 죽음 충동과 연관된다. 라캉에 의하면 금지를 넘어 숭고함의 절대적 경지에 도달해보고자 했던 것이 바로 사드가 도착적 욕망을 통해 무대화한 주이상스였다. 그러나 실재계는 사실상 주체에게 허용되지 않는 불가능의 영역이다. 그러므로 실재는 언제나 애매함의 포로가 될 수밖에 없으며 부정적 효과로만 간접적으로 자신을 드러내는 영역이 된다.

라캉 자신이 『에크리』의 악명 높은 문체를 통해 보여주고자 했던 전략적 목표도 바로 상징화와 시니피앙의 연쇄가 도달하지 못하는 실재를 텍스트의 틈 속에서 보여주는 것이라고 말할 수 있다. 실재는 불가능하지만 절대적인 것이기에 언어적 착각에 잡히지 않으면서 그것을 드러내기 위해서는 애매하게 글쓰기 혹은 의미를 비틀면서 반쯤 말하기가 필요했기 때문이다. 실재의 존재는 주이상스를 욕망이 통과해야 할 최후의 관문처럼 제시하는 근거이다.

**주이상스**

라캉에 의해 정신분석 용어로 그 의미가 풍성해진 주이상스란 말은 원래 다른 외국어로 번역하기가 거의 불가능한 단어이다. 주이상스는 사전적으로 성적 대상에서 나오는 쾌락을 의미하기도 하지만 쾌락과는 본질적으로 구별되며 그것을 초월하는 것이다. 주이상스는 또한 법적으로 일정 범위에서 소유를 누리는 용익권을 의미하기도 하므로 법적 조치와도 연관된다. 그러나 주이상스는 단순히 법에 대한 복종을 의미하지는 않는다. 라캉에 의하면 주이상스는 무엇보다도 쾌락원리 너머로 가보려는 전복적인 충동이다. 쾌락원리는 가급적 적게 향유하도록 한계를 설정할 수밖에 없는데 그러지 않으면 쾌락은 불쾌가 되기 때문이다. 그러나 주이상스는 쾌락원리를 위반하여 그 너머로 가보려 하기에 본성상 파괴적이다. 쾌락원리를 넘을 때 주체를 기다리는 것은 감당할 수 없는 고통과 죽음이다. 주이상스는 상징계의 너머를 지시하지만 실재와 마찬가지로 상징계와의 관계에서만 본래적인 파급력을 갖는다. 주이상스는 상징계의 속성인 반복 강박에 연관되는데 앞서 언급했듯이 그 근저에는 실재가 있다. 주이상스의 의미를 좀 더 살펴보자.

주이상스는 죽음 충동을 통해서 구체화되는데 쾌락원리, 즉 상징계가 부과한 법을 넘어서 영원히 잃어버린 대상인 물(Ding)을 되찾고자 하는 갈망이다. 물은 어머니의 자궁 같은 구체적인 대상을 지칭하는 게 아니다. 그것은 상상적인 모든 표상과 상징적 질서를 뛰어넘는 곳에 있는 순수 존재의 대명사이자 상실의 원형 같은 것으로 주체를 사로잡는 욕망의 이상을 말한다. 욕망이 지속적일 수 있는 것은 바로 경험 세계가 아니라 실재계에 자리 잡은 물을 최종 대상으로 삼기 때문이다. 욕망이 좇는 어떠한 대상도 물을 대신할 수 없고 물은 의미화의 모든 작용을 벗어나기에 욕망이 물을 지향하는 한 그 끝이 있을 수 없다.

주체가 물을 금지 속에 만난다는 것은 언어가 욕망의 대상을 정확하게 지시할 수 없다는 뜻이다. 언어는 그 출발점에서 사물의 상징적 살해 위에서 구축되므로 주체는 말을 할 때마다 상실의 경험을 되풀이한다. 그런데 이것은 특정한 대상을 잃어버리는 것을 의미하는 게 아니라 주체가 언어라는 창을 통해 세계를 만날 때 겪는 표상적인 거리감에서 비롯된다. 주체는 이 결여를 대상을 통해 극복하고자 하는데 이때 주체에게 환상 속에서 다가오는 알 수 없는 상실의 원형으로 가정되는 게 바로 물이다. 그렇기 때문에 불가능한 대상인 물은 죽음 충동 속에서만 모습을 보인다고 말하는 것이다. 주이상스는 죽음 충동을 반복 속에서 경험한다. 주이상스는 쾌락원리 너머를 지시하는 반복과 연관될 수밖에 없다. 그리고 주이상스는 말하는 모든 주체에게 원천적으로 금지되어 있다.

주이상스는 본성상 남성적일 수밖에 없는데 1970년대 이후 라캉은 또 다른 주이상스인 여성적 주이상스에 대해 언급한다. 이것은 상징계의 법칙인 거세에 종속되지 않는 보충적 주이상스이며, 남근을 넘어서는 대타자의 주이상스이다. 여성은 남성과 달리 거세의 보편성의 논리에 종속되지 않기 때문에 언어적인 것을 넘어서는 절대적인 주이상스의 경험이 가능하다. 물론 여기에서 여성은 생물학적 입장과 무관하게 논리적으로 설정되는 상징계 내의 여성적 위치를 말한다. 성차에 대한 본격적인 논의는 1972~1973년에 진행된 세미나 『다시』에서 볼 수 있다.

주이상스는 결국 상징계에 의해 촉발되지만 실재에 의해 이끌리고 실재를 향한다고 말할 수 있다. 실재는 상징계 속에서 봉합되지 않는 틈처럼 부정적 효과로 메시지를 보낸다. 주체에게 보내는 실재의 메시지가 바로 증상이다. 라캉은 질병의 외부적 현상을 의미하는 증상이라는 용어에서 의학적인 색채를 배제하면서 이를 실재의 작용으로 정의한다. 프로이트의 증상 개념이 무의식의 지표로서 상징계적 기호에 훨씬 가깝다면, 라캉의 증상은 그 자체의 향유를 요구하는 실재계의 요구이다. 증상은 주체의 본성이며, 주체는 이를 향유하기에 치료를 통해 증상을 제거할 수 없다. 증상은 그 자체의 만족을 위해 승화를 요구하는데 여기에서 승화에 대한 라캉의 개념은 욕망의 윤리로 정식화된다.

**승화**

 프로이트는 성적 에너지를 사회적으로 공인된 활동의 원천으로 활용하는 것을 지칭해서 승화라는 개념을 사용했다. 프로이트는 승화를 통해 인간의 창조적 활동과 예술·문화의 향유 원천에 성적 에너지의 역동적인 힘이 있다는 것을 보여주려고 했다. 프로이트의 입장에는 성적 충동은 목표에 도달할 때까지 절대로 멈추지 않는다는 역동적 관점과 충동의 만족이 가능하다는 낙관론이 깔려 있다. 하지만 라캉은 성 충동의 우회적 실현이라는 프로이트적 승화 개념을 비판하면서 근본적으로 충동 개념의 내용을 개조한다. 라캉에 의하면 성적 충동은 육체적인 데서 기원하는 게 아니라 상징계와의 관계에서 촉발되는 반작용 같은 것이다. 그리고 성적 충동에 대한 완전한 만족도 없으며 오히려 그것은 채울 수 없는 결여로서만 본래적 모습을 드러낸다. 따라서 프로이트가 가정한 것처럼 성 에너지의 완전한 승화도 있을 수 없다.

 여기에서 라캉은 승화를 본질상 성도착과 같은 것으로 보는데 둘 다 쾌락원리가 부여한 한계를 넘어서고자 하는 것이라는 공통점이 있기 때문이다. 사드 작품의 핵심 주제이기도 한 도착 행동은 사실 성적 쾌락에 탐닉하는 변태적 행동을 말하는 게 아니다. 사드에게 도착이란 대타자에 대한 절대적 복종 속에서 주이상스를 실현하기 위해 자신을 파괴하고 대상의 위치에 두는 희생에 다름 아니다. 여기에서 대타자의 절대적 명령에 복종하기 위해 사적 욕망은 포기되어야 한다. 라캉이 말하는 승화도 마찬가지이다. 승화란 대상을 물(Ding)의 지위에 올려놓고자 하는 것으로 이것은 근본적으로 물에 대한 갈망, 즉 주이상스의 한 형태인 것이다.

라캉에게 승화의 본질은 물에 대한 향유에서 찾아진다. 물은 쾌락원리 너머에 존재하는 것으로 그 자체에 언어적 주체가 접근할 수 있는 게 아니다. 주체는 오로지 환상 속에서 대상들의 위치를 물까지 고양시키는 체험적 승화를 통해서만 물을 만나게 된다. 승화란 경험적 대상의 파괴와 새로운 창조를 낳으며 그것이 본질적으로 예술을 가능하게 만드는 동력이다. 예술의 기저에는 승화를 통해 대상들을 물이 차지하는 존엄성의 지위까지 끌어올려 보려는 창조적 파괴와 죽음 충동이 깔려 있다. 이렇게 봤을 때 라캉에게 승화는 본성상 미학보다 윤리에 가까운데 정신분석의 윤리는 언제나 물을 겨냥하는 욕망의 절대성에 다름 아니기 때문이다. 물이 실재에 의해 보장되는 대상이라면 욕망의 역동성도 실재에 의해 가능하다고 말할 수 있다. 승화는 상징계적 구조에 종속된 주체가 그 태생적 한계를 넘어 실재를 향유하는 가능성을 열어주며, 욕망의 적극성에 대한 라캉 사유를 보여주는 중요한 후기 개념이다.

# 정신분석과 과학

　프로이트는 일생 동안 정신분석 이론을 심화시키면서 새롭게 고안된 정신분석이란 학문을 과학의 위치에 올려놓기 위해 노력했다. 프로이트가 정신분석의 여러 개념과 이론들을 고안하면서 당대의 생물학·화학·역학 등의 성과에 많은 영향을 받았지만, 인간 정신세계와 개념을 다루는 철학에 대해서는 경계하고 거리를 두었다는 것은 잘 알려져 있다. 그리고 자신의 이론들을 임상에 적용하고 부단하게 수정하면서 비판적 안목에서 인간의 정신 구조를 해명하려고 했던 것도 과학자로서 프로이트의 면모를 보여준다. 그는 정신분석을 자주 종교의 독단적이고 비합리적인 태도와 대립시키곤 했다.

정신분석을 새로운 시대적 지평에서 갱신하고자 했던 라캉도 프로이트만큼이나 과학주의 이상에 매달렸지만 프로이트와는 다른 시각에서 이에 접근했다. 라캉은 1965~1966년에 진행된 세미나 『정신분석의 대상 L'Objet de la psychanalyse』[91] 시작 강의에서 「과학과 진리」[92]라는 제목으로 정신분석과 과학의 관계에 대해 강연했다. 라캉은 정신분석이 인간을 '말하는 주체'라는 관점에서 다루는 것에서 다른 자연과학과 구별된다고 강조한다. 그것은 인간 사회를 가능하게 만드는 형식을 탐구하고 법칙을 해명한다는 점에서는 과학과 같은 사명을 갖지만, 인간 삶의 구체적 조건과 양상을 대상으로 삼는다는 면에서는 인문학적 성격을 지닌다. 다음에서 라캉이 말하는 과학의 위상을 짧게 정리해보도록 하자.

첫째, 라캉은 과학의 실증주의적 모델보다는 이성주의 전통에서 강조하는 보편성과 합리성의 성격을 중시한다. 다시 말해 라캉은 보이는 경험적 현상을 넘어 인간을 가능하게 만들어주는 질서와 법칙들을 해명하며, 그것을 합리적 담론으로 표현하고자 했지만 객관적 자료화와 실험을 중시하는 실증적 모델은 거부하였다. 라캉은 과학성의 기준을 입증 가능성보다는 그 탐구 방법과 담론의 성격 자체에서 찾고자 했다. 라캉이 "정신분석은 과학이다."라고 말할 때에는 주로 수학적인 이론 모델과 합리적 접근 방법을 염두에 둔 것이지 일반 자연과학의 실증적 방식을 염두에 둔 것이 아니다. 라캉이 초기부터 자신의 이론을 대수학 기호나 도식으로 표현하려고 한 것이나, 말기에 위상학과 수학소를 강조하는 것도 같은 맥락이다. 라캉은 과학이 강조하는 보편성을 믿었으며 과학적 담론의 정확한 전파 가능성도 확신했다.

그러나 라캉은 프로이트의 메타심리학에 깔려 있는 기본 전제인 역동성, 경제성, 위상학적 지형성을 철저하게 배격하고 리비도를 육체에 속한 고유한 성 에너지로 파악하는 것도 거부하였다. 라캉이 보기에는 프로이트가 당시 학문적 한계와 철학에 대한 경계심으로 인해 실증적이고 경험적인 자연과학적 방법과 이상에 매달리면서 정신분석의 과학화를 시도했기 때문이다. 라캉은 프로이트 이론에 남아 있는 생물학적, 역학적 경향을 철저하게 해체한 후 그것을 시니피앙의 논리로 완전히 재구성한다. 시니피앙은 인간의 주관성을 떠나 있고, 자율적 법칙에 의해 작용하며, 인간의 의지를 떠난 초월적 질료이다. 시니피앙 논리를 탐구의 주제로 삼아 인간 사고에 작용하는 초월적 법칙과 형식을 연구하는 것이 라캉이 말한 과학의 사명이다.

둘째, 정신분석은 주체와 인간의 경험을 다루기 때문에 라캉은 정신분석을 추측의 과학이라 부르면서 자연현상과 법칙을 다루는 엄밀 과학에 이를 대립시킨다. 추측의 과학이란 경험과 욕망이 작용하는 인간의 주체성을 대상으로 삼는 인문과학의 성격을 라캉이 일컫는 말로 현상들을 정확성의 패러다임으로 분석하는 자연과학과의 차이를 강조하기 위해 도입한 용어이다. 추측 과학이라는 용어가 우연성이나 주관성을 의미한다고 오해하기 쉽지만 라캉이 말하는 것은 단지 추측 과학의 영역이 상징계에서 이루어지는 주체의 삶의 영역에 관계된다는 것이다. 삶의 경험과 내밀한 감정들은 통계와 수치로 계량화하거나 성급하게 표본화할 수 없는 특수한 영역이다. 라캉에 의하면 정신분석은 20세기의 새로운 과학인 언어학적 성과들을 수단으로 삼아 인간 주체와 삶을 다루면서 새로운 과학의 모델을 제시할 수 있었다. 라캉은 시니피앙 연쇄의 구조와 은유·환유 같은 시니피앙의 작용 법칙, 상상계와 이미지의 작용 등 새로운 개념들을 통해서 인간 행동과 정신의 구조를 합리성의 형식 위에서 해명하고자 한다.

예를 들어 프로이트 이론에서 지극히 개인적이고 가족적인 경험처럼 설명되던 오이디푸스콤플렉스는 부성 은유를 통해 상징계로의 진입이라는 보편적 과정으로 제시되면서 그 우연성에서 벗어나 새로운 과학적 탐구 가능성을 열었다. 소쉬르와 야콥슨의 언어학적 이론은 라캉에게 정신분석을 생물학적이고 기계적인 프로이트식 과학주의에서 끄집어내어 새로운 과학으로 주조할 수 있게 해주었다. 프로이트와 달리 라캉은 무의식의 과학을 철학, 문학 같은 인문학의 개념을 빌려 와 설명하면서 정신분석의 지평을 새로운 토대로 넓혔다. 소쉬르의 언어학은 구조주의와 라캉 사유 형성에 많은 영향을 미쳤다. 이제 언어학과 더불어 정신분석은 말하는 주체의 과학으로 야심차게 선언된다.

셋째, 라캉은 과학이 무엇보다 진리와 연관된다고 보면서 진리 개념을 정신분석의 핵심으로 제시한다. 라캉은 과학의 존립 근거가 진리의 우월성을 믿으면서 진리 현상과 가치를 자신의 대상으로 해온 데 있다고 말한다.[93] 과학은 진리와 관계를 가지면서 직관적이고 신비한 체험에 근거한 지식을 배제하고 합리성을 모델로 삼는 지식을 추구해왔다. 이것의 전형이 데카르트의 코기토이기 때문에 라캉에 따르면 코기토는 근대의 주체이기도 하고 과학의 주체이기도 하다. 그것은 사유 주체의 명석 판명함과 이성적 규칙을 진리의 토대로 삼기 때문에 과학의 이상과 통할 수 있었다. 그러나 라캉에 따르면 근대과학은 합리성에 근거해 절대 지식을 추구하지만 동시에 원인으로서 진리 개념에 대해 눈을 감고 이를 폐기하려고도 한다.[94]

과학과 마찬가지로 정신분석도 진리에 대해 관계를 갖지만 그 태도는 다른데, 바로 이것이 정신분석의 특수성이다. 정신분석은 진리의 출발점과 원인에 대해 물으면서 진리 문제를 새롭게 탐구하는데 그것은 물론 주체의 출발 조건과 관계된다. 자신의 출발점을 감추고 배제하는 과학은 지식의 체계에 머물 수밖에 없지만 정신분석은 진리를 탐구하는 주체를 대상으로 삼는다. 라캉에 의하면 주체성을 대상으로 삼는 것은 정신분석을 과학의 자리에 위치시키기 위해 필요한 기초이다.[95]

정신분석이 말하는 진리는 주체의 기원, 본성, 성격을 주제로 삼기에 이제 정신분석은 주체성의 과학으로 그 위상이 자리 매김된다. 철학의 핵심 주제이기도 한 주체 문제를 정신분석의 장에 새롭게 도입하면서 라캉은 그것의 심리학적 기원이나, 생물학적 설명을 철저하게 배제한다. 이제 주체는 무의식 주체로 정의되는데 무의식 주체는 언어적인 관계에서만 존립하고, 시니피앙의 논리를 통해서만 해명된다. 그러므로 라캉이 말하는 진리는 실증과학이 강조하는 정확성의 이상에 대립된다. 그것은 시니피앙에 의해 상징계에서 구조를 부여받으면서도 그 시니피앙에 의해 사라질 수밖에 없는 주체의 무적 위치를 드러낸다는 의미에서 진리이다. 이런 진리 개념은 존재가 자기를 드러내면서 동시에 은닉한다는 하이데거의 '알레테이아' 개념에 훨씬 가깝다.

진리와 주체의 관계는 시니피앙이 주체의 원인이면서 동시에 주체를 사라지게 하는 것이기에 제기되는 것이다. 정밀

과학이 담론 주체의 지위를 아무런 문제도 삼지 않은 채 지식의 정합성과 논리성만을 검토한다면 정신분석은 담론 속에서 사라지는 주체를 보여줌으로써 진리 문제를 무의식에 연관시킨다. 라캉은 『에크리』의 제일 첫 번째 부분에 「〈도둑맞은 편지〉에 대한 세미나」를 놓음으로써 상징계의 우월성을 부각시키면서도 이 텍스트에서 주체 분열과 연관된 진리 문제를 동시에 강조하고 있다. 어리석은 경관들이 지식이 등록되는 정확성의 등록소를 대표한다면, 상호 주체성의 논리에서 대신의 숨은 의도를 간파하는 뒤팽은 진리의 등록소를 대표한다. 뒤팽은 무의식 주체의 욕망을 상징계가 부과하는 복잡한 변증법에서 찾는 정신 분석가를 상징한다고 볼 수 있다. 무의식 주체와 담론의 관계를 라캉은 프로이트가 자신의 책에서 소개한 두 유대인의 농담을 통해 예화적으로 보여준다.

> 두 유대인이 갈리치아 역의 열차에서 만난다. 한 사람이 묻는다. "어디 가나?" 친구가 "크라카우."라 대답하자 물어본 사람이 화를 낸다. "이런 거짓말쟁이가 있나. 넌 크라카우에 간다고 말하면서 렘베르크에 간다고 내가 믿기를 원했지. 하지만 난 네가 실제로 크라카우에 간다는 걸 안단 말이야. 그런데 왜 거짓말을 하는 거야?"[96]

여기에서 우리는 담론 속에서 지시되는 주체와 실제 욕망의 주체가 분열됨을 보게 된다. "나는 크라카우에 간다."라는 답변은 그 자체로 전혀 혼동의 여지가 없는 자명한 말이지만 질문을 던진 유대인은 그 담론의 정합성을 의심한다. 다시 말해 그 말을 하고 있는 화자를 거짓말쟁이로 취급한다. 그 이유는 역설적으로 화자가 실제로 크라카우에 가려고 하기 때문이다. 크라카우에 가려고 하는 화자는 거짓말쟁이로 부정되면서 "나는 크라카우에 간다."라는 문장의 주어가 되지 못하는 것이다. 언술 행위의 주체는 언표 주체와 다르다는 게 이 농담이 보여주는 핵심이다.

이 유명한 일화를 통해 라캉은 언어가 우리를 속일 수 있음을 역설한다. 아니 언어는 본성상 우리를 기만하고 소외시킬 수밖에 없는데 언어는 주체에 속한 것이 아니기 때문이다. 진리와 지식의 대립도 언어의 이중성 때문에 생겨난다. 그러므로 진리에 대한 올바른 태도는 언술 행위의 주체가 지식과 일치한다고 믿는 게 아니라 담론 속에서 분열되면서 사라지는 주체의 진정한 자리를 보는 것이다. 주체의 진정한 자리는 늘 상징계의 규정성을 벗어나기에 진리의 탐구자는 존재를 존재자 속에서 찾는 혼동을 범해서는 안 된다.[97]

그러나 또한 진리는 말을 통해서만 드러난다. 여기에서 진리의 최종적인 등록소인 대타자에 대해 인식할 필요가 생긴다. 라캉은 분석가가 주도하는 정신분석의 임상적 테크닉과 치료를 중시하면서도 상호 주체성의 구조인 L도식을 통해 분석가의 위치가 어떻게 상상계와 상징계의 복합적 작용 속에서 왜곡될 수 있는지를 보여주고자 하였다.

    라캉에게 언어는 정신분석의 출발점이고 진리의 근거가 되지만 동시에 지식을 편집증적 오해의 구조로 만드는 원인이 되기도 한다. 라캉은 말년까지 한편으로는 수학소를 통해 합리적 담론의 모델을 만들고, 또 한편으로는 그것에서 벗어나는 실재를 보로메오 매듭과 도형들을 통해 잡아보려고 했다. 서로 모순되는 것처럼 보이는 라캉의 연구 궤적과 애매한 문체는 진리와 지식 혹은 실재계와 상징계의 대립을 은유적으로 보여준다. 진리는 언어와 더불어 시작되지만 언어적인 것에만 머물러서는 안 되기 때문이다. 그런 면에서 진리에 대한 노력은 절대 만족이 불가능한 욕망과 짝을 이루기도 한다.

# 3부

## 참고문헌 및 라캉 연보

"나는 집요하다. […] 나는 사라지고 있다."

—라캉이 죽기 전 마지막 남긴 말, 1981년 9월 9일

# 참고문헌

## 1. 라캉의 기타 저서

『인격과 관련된 편집증적 정신병에 대하여*De la psychose paranoïaque dans ses rapports avec la personnalité*』, Seuil, Paris, 1975

1932년 발표된 라캉의 의학박사 학위논문이다. 초기 저작이지만 라캉이 정신의학의 관점에서 편집증적 정신병을 다루면서 보여주는 독창적인 사유와 후기 이론의 싹을 엿볼 수 있다. 라캉은 이 논문에서 당시 정신의학 주류 이론 중 하나였던 기관 장애론, 즉 정신장애의 원인을 신체적 질환이나 유전적 요인에서 찾는 관점을 비판하면서, 편집증의 원인을 사회적으로 형성된 인격 개념을 중심으로 설명한다. 라캉에 의하면 인격은 개인의 역사 속에서 형성되며, 사회적 관계와 주체가 스스로에게 부과하는 이미지를 통해 구체화된다. 라캉은 '에메'라고 이름 붙인 여성 편집증 환자의 증상과 글을 분석하면서 편집증에 대한 이론을 심화시키고, 그것을 인간 정신 구조의 한 전형으로 제시한다. 편집증은 소외와 망상이 그 특징인데, 그것을 가능하게 하는 것은 자신의 분신처럼 생각되는 존재에 대한 무의식적 동일시와 집착이다. 주체가 자신의 분신을 형상화하는 인물을 이상화된 자아처럼 숭배하면서, 동시에 타자적인 자기 이미지에 대해 공격하고자 하는데, 라캉은 이를 에메가 보이는 '자기 처벌' 증상을 통해 설명한다. 결국 편집증은 구조적으로 상상계의 소외와 연관되며, 이것이 자아 형성의 기본 메커니즘이 된다. 이 논문을 통해 라캉이 왜 자아를 편집증적 구조라고 부르는지 알 수 있다. 라캉의 박사 학위논문은 달리를 비롯한 초현실주의자들의 열렬한 환영을 받았다.

『또 다른 에크리 Autres Écrtis』, Seuil, Paris, 2001

제목이 의미하듯이 라캉의 공식 후계자 밀레에 의해 수집되고 편집되어 2001년 출판된 라캉의 두 번째 글 모음집이다. 처음 『에크리』처럼 공들인 수정과 다시 쓰기를 거치지는 않았지만 그간 여러 곳에서 분산되어 출판된 라캉의 글들을 한데 모아놓은 가치 있는 문헌이다. 특히 1938년 프랑스 대백과 사전에 실린 '가족'에 관한 글, 1964년 파리프로이트학교(EFP)의 창립 선언문, 포켓판 『에크리』와 영문 번역판 세미나 XI 『정신분석의 네 가지 근본 개념』에 붙이는 라캉의 서문 등이 수록되어 있다. 그리고 1970년 벨기에의 한 라디오 방송 인터뷰인 「라디오포니Radiophonie」와 1973년 '정신분석'이라는 제목으로 방영된 텔레비전의 강연 내용 『텔레비지옹 Télévision』 등의 원본 텍스트도 수록되어 있다. 그 외에도 라캉학파(EFP) 기관지 『실리세Scilicet』에 실린 여러 글들이 수록되어 있으므로 『에크리』와 병행해서 읽으면 도움이 된다.

『세미나Séminaire』

1953년부터 1980년까지 라캉이 매주 한 차례씩 진행한 공개 강의 녹취록을 밀레가 옮겨 써서 출판했다. 1973년 라캉의 승인하에 세미나 XI이 처음으로 출판되었으며, 현재도 출판이 계속되고 있다. 총 27권이 예정되어 있다. 라캉이 다루는 정신분석의 다양한 개념과 이론에 대한 상세한 이해를 위해서 반드시 읽어야 할 책이다. 라캉은 세미나를 진행하면서도 자신이 탐구하는 주제의 상관성을 보여주기 위한 나름의 전략을 구사하는데, 홀수 세미나에서는 시니피앙을, 짝수 세미나에서는 주체의 문제를 중심축으로 정신분석의 제반 문제들을 다뤘다. 그리고 『세미나』는 구두 강연을 수정 없이 출판해서 최대한 현장 강의를 듣는 느낌을 주고자 하였다. 하지만 이 때문에 라캉이 희랍어나 다른 텍스트를 인용할 때 생긴 오류가 교정되지 않고 그대로 출판되는 문제도 생겼다. 출간된 주요 세미나의 권 번호, 제목, 출판 년도는 다음과 같다.

I. 『프로이트의 분석 기술에 관한 글들Les écrits techniques de Freud』(1953~1954), Seuil, 1975.

II. 『프로이트 이론과 정신분석 기술에서의 자아Le moi dans la théorie de Freud et la technique de la psychanalyse』(1954~1955), Seuil, 1978.

III. 『정신병Les psychoses』(1955~1956), Seuil, 1981.

IV. 『대상관계La relation d'objet』(1956~1957), Seuil, 1994.

V. 『무의식의 형성물Les formations de l'inconscient』(1957~1958), Seuil, 1998.

VII. 『정신분석의 윤리L'éthique de la psychanalyse』(1959~1960), Seuil, 1986.

VIII. 『전이Le transfert』(1960~1961), Seuil, 1991.

X. 『불안L'angoisse』(1962~1963), Seuil, 2004.

XI. 『정신분석의 네 가지 근본 개념Les quatre concepts fondamentaux de la psychanalyse』(1964), Seuil, 1973.

XVI. 『한 타자에서 다른 타자로D'un autre à l'autre』

(1968~1969), Seuil, 2006.

XVII. 『정신분석의 이면 L'envers de la psychanalyse』 (1969~1970), Seuil, 1991.

XX. 『다시 Encore』 (1972~1973), Seuil, 1975.

XXIII. 『르 생톰므 Le sinthome』 (1975~1976), Seuil, 2005.

몇몇 세미나의 짧은 발췌문이 1978년 라캉에 의해 창시된 『오르니카 Ornicar』 잡지에 연속적으로 실렸다. 『세미나』 출판은 세미나가 진행된 순서와는 무관하게 이루어지고 있다. 세미나 중 라캉이 가장 애착을 보였던 세미나는 VII, 『정신분석의 윤리』로 라캉은 이를 다시 수정하고 보완하여 출판할 생각이었으나 녹취록 그대로 출판되었다. 세미나 XI, 『정신분석의 네 가지 근본 개념』은 라캉 후기 사상으로 가는 이론적 전환점을 보여주는 중요한 책으로 충동, 실재, 오브제 a 등이 비중 있게 다뤄지고 있다. 1960년대 초반까지 라캉은 상징계에 비중을 두고 그의 이론을 전개하였으나 후기로 갈수록 상징계에 대립하는 실재 개념이 강조되는데 세미나 XI은 그 전환점을 보여준다. 세미나 XX, 『다시』에서는 유명한 성차 공식과 여성의 성에 대한 이론들이 주로 설명되고 있다. 그리고 성과 주이상스, 실재와 글쓰기의 문제 등의 주제도 볼 수 있다.

세미나 XXIII, 『르 생톰므』는 징후로 번역할 수 있는데 생톰므란 증상(symptôme)의 고어로 현재는 쓰지 않는 말이다. 이 세미나에서 천재 작가 제임스 조이스(James Joyce, 1882~1942)의 작품이 주로 분석되는데, 이를 통해 라캉이 문학과 글쓰기에 대해 갖고 있는 생각을 볼 수 있다. 1970년대 이후로 라캉은 자신의 가르침을 수학소와 보로메오 매듭을 통해 전달한다. 수학소가 합리성이라는 과학주의 신념에 기초하여 상상계의 개입에 의해 왜곡되지 않는 합리주의적 글쓰기를 위한 노력을 보여준다면, 반대로 매듭은 언어적인 것을 벗어나는 절대적 실재와 주이상스를 위상학적 도형을 통해 보여주려는 후기 라캉의 끈질긴 시도라 할 수 있다. 보로메오 매듭과 위상학은 절대적인 것에 대한 탐구이자 실재에 대한 은유적 글쓰기이다. 라캉은 보로메오 매듭을 조이스의 작품 분석에 적용함으로써 상징계의 안내자인 '아버지의 이름'이 주체에 정착하지 못해도 징후로써의 글쓰기를 통해 실재적인 향유가 가능해지며 작가의 인격적 정체성이 붕괴되지 않는다는 점을 보여준다. 다시 말해 조이스는 문학을 통해 자신의 증상을 드러내고, 이 증상을 통해 성인(Saint homme)이 되면서 광인이 되지 않고 구원을 얻는다. 조이스의 경우에 상징계, 상상계, 실재계를 나타내는 세 개의 보로메오 매듭 고리를 결속시켜주는 제4의 매듭이 징후로써 제시된다.

## 2. 더 읽으면 도움이 되는 책들

① 국내에 번역된 책들

엘리자베트 루디네스코, 『쟈크 라캉』(1, 2), 양녕자 옮김, 새물결, 2000

라캉의 삶을 당시 프랑스 지성계의 상황 속에서 살피면서, 그의 활동과 사유 형성 과정의 궤적을 추적한 책으로 정신 분석사가 루디네스코의 치밀한 조사와 전문가적 해설이 돋보인다. 단순히 라캉의 일대기를 기록한 전기가 아니라 라캉 사상이 형성되는 주요 단계를 각 시기의 사건들 및 라캉의 주변 환경을 분석하면서 라캉 사유의 큰 줄기와 특징을 종합적 시각으로 친절하게 설명하고 있다. 라캉의 가족사, 라캉이 섭렵했던 여러 이론의 영향, 라캉이 관여했던 정신분석학파의 창립과 분열 과정, 『에크리』 출판에 얽힌 에피소드 등도 자세하게 소개되어 있다. 라캉에 대한 좋은 입문서가 아직 국내에 없는 현실을 감안할 때 라캉이라는 지적 거인이 도대체 누구인가를 쉽게 알 수 있게 해주는 안내서로 활용할 만한 가치가 있다.

스튜어트 슈나이더맨, 『쟈크 라캉, 지적 영웅의 죽음』, 허경 옮김, 인간사랑, 1997

라캉에게 분석을 받은 유일한 미국인 제자 슈나이더맨이

본 라캉의 치료 기술에 관한 증언과 이론적 분석이 잘 나타나 있는 책이다. 저자는 라캉주의의 진정한 본질이 미국의 정신분석 풍토에서 제대로 조명되지 못함을 개탄하면서 자신이 유학을 통해 직접 경험하고 목격한 여러 사건들을 중심으로 라캉 이론의 특이성과 성립 배경을 개괄하고 있다. 특히 라캉 학파의 분석가 양성 프로그램의 핵심 개념인 '통과'와 라캉 제명의 구실이 된 '짧은 상담'을 선불교의 깨달음과 프로메테우스적 고뇌에 빗대어 옹호하고 있다. 그리고 책 뒷부분에 옮긴이가 직접 정리하고 작성한 꼼꼼한 참고문헌에는 라캉의 주요 저작과 논문은 물론 라캉에 대해 쓴 국내외의 여러 연구서와 논문, 그리고 프로이트의 저작과 논문 목록까지 상세히 수록되어 있어서 아주 유용하다.

딜런 에반스, 『라깡 정신분석 사전』, 김종주 외 옮김, 인간사랑, 1998

라캉의 주요 개념을 체계적으로 정리해놓은 사전이다. 라캉을 읽을 때 유용한 길잡이로 활용할 수 있을 것이다. 정신분석 용어들에 대해 좀 더 체계적으로 공부하고 싶다면 이 책 이외에 장 라플랑슈, 장 베르트랑 퐁탈리스가 쓴 『정신분석 사전』(임진수 옮김, 열린책들, 2005)을 추천한다. 『라깡 정신분석 사전』이 라캉의 이론을 중심으로 관련 용어들을 해설한다면, 『정신분석 사전』은 정통 프로이트주의 관점에서 정신분석 용어들을 해설하고 있다. 그리고 아직 국내에 번역이 되지는 않았지만 라캉주의 관점에서 정신분석 용어들을 해설하고 있는 개념 사전으로 라루스Rarousse 출판사에서 펴낸 『정신분석 사전Dictionnaire de la psychanalyse』도 아주 유용하다.

아니카 르메르, 『자크 라캉』, 이미선 옮김, 문예출판사, 1994
라캉 사상을 주제로 출판된 최초의 전문 연구서로 라캉 자신이 서문을 써주기도 했다. 1970년 프랑스에서 처음 출판된 후 영어, 일어 등 여러 나라 말로 번역되었다. 저자는 라캉의 『에크리』를 주된 텍스트로 삼아 구조주의자로서 라캉의 면모를 부각시킨다. 라캉에 있어 언어와 상징계의 개념, 시니피앙 논리를 통해 설명하는 오이디푸스 과정, 은유와 환유 등 『에크리』에서 탐구하는 주제들에 대한 꼼꼼한 천착과 해설이 돋보이는 책이다. 다만 라캉 이론을 지나치게 상징계를 중심으로 서술하고 있다는 시대적 한계가 있으며, 영어본을 중역했기 때문에 우리말 번역본의 뜻이 모호한 곳이 많다.

마단 사럽, 『알기 쉬운 자끄 라깡』, 김해수 옮김, 백의, 1994
라캉 사유의 형성 과정을 역사적이고 문화적인 맥락에서 연구하면서, 철학·문화·비평 등 제 이론들을 라캉이 어떤 식으로 수용하고 변형했는지를 잘 설명하고 있다. 라캉에 대한 깊이 있는 탐구서가 아니기에 오히려 편하게 읽을 수 있는 책이다. 그러면서도 라캉 이론이 다양한 분야에서 활용될 수 있는 가능성을 제시하여 정신분석 이론의 확장된 지평을 보여주는 게 이 책의 장점이다. 『에크리』에 대한 짧은 개괄도 볼 수 있다. 아쉬운 것은 라캉 개념에 대한 세부적 분석이 떨어지고 중요 이론이 지나치게 피상적으로 서술되어 있다는 점이다. 라캉에 대한 사전 지식이 어느 정도 있어야 저자가 강조하는 라캉 이론의 문화적인 맥락을 제대로 볼 수 있다.

**브루스 핑크, 『라캉과 정신의학』, 맹정현 옮김, 민음사, 2002**

『세미나』의 공식 출판인인 밀레의 제자이자, 프로이트주의학교(ECF)의 정회원이기도 했던 미국의 권위 있는 정신 분석가 브루스 핑크의 라캉 연구서이다. 제목에서 보듯 라캉의 임상 이론과 전이적 관계를 통해 드러나는 욕망의 변증법에 대해 실천적 관점에서 연구하고 있다. 주 독자층도 임상의와 분석을 받는 사람들을 상정했다. 하지만 저자가 라캉의 임상 이론을 연구하며 검토하는 욕망의 본성, 환상의 역할, 3대 임상(정신병, 신경증, 도착증)을 분류하는 라캉 진단법의 특징과 기준 등은 일반인들이 라캉 이론을 공부할 때도 많은 도움이 될 것이다.

나지오, 『자크 라캉의 이론에 대한 다섯 편의 강의』, 임진수 옮김, 교문사, 2000

다섯 개의 핵심 주제(무의식과 향락, 무의식, 대상 a의 개념, 환상, 육체)를 중심으로 라캉의 이론을 강의 방식으로 풀어내고 있는 일종의 해설서이다. 개념들에 대한 상세한 설명이 아니라 전체 이론의 일관성과 주제적 통일성을 염두에 두면서 서술했기 때문에 정신분석 이론을 전혀 모르는 사람에겐 다소 어려울 수 있다. 라캉 이론에 대해 어느 정도 알지만 제 개념들의 연관성과 핵심 쟁점이 선명하게 들어오지 않은 사람에게는 이 책이 도움이 될 것이다.

베르트랑 오질비, 『라캉, 주체 개념의 형성』, 김석 옮김, 동문선, 2002

임상 이론을 주제로 삼거나 정신 분석가의 관점에서 서술된 라캉 연구서는 많지만 철학적 관점에서 라캉 개념의 의의를 밝혀낸 저서는 많지 않다. 정신 분석가이자 철학자인 저자는 라캉 이론의 최대 성과와 이론적 공헌을 주체 개념의 재도입에서 찾는다. 저자는 라캉 주체 개념의 성립 과정을 초기 박사 학위논문 시기부터 거울단계까지 연속성의 시각에서 탐색하고 있다. 박사 학위논문 시기에 맹아적 형태로 제시된 인격 개념이 어떤 경로로 주체로 변경되는지, 주체 개념의 도입이 프랑스 사상사에서 라캉의 위치를 어떻게 규정하는지를 잘 분석하고 있다. 본문에서 라캉에 대한 대표적 오독의 예로 푸코가 많이 거론된다.

자크 라캉, 『욕망 이론』, 권택영 엮음, 문예출판사, 1994
라캉의 『에크리』에 있는 논문 중 「거울단계」「문자의 심급」「〈도둑맞은 편지〉에 대한 세미나」와 세미나 VI, XI, XX의 일부 내용을 발췌하여 우리말로 번역했다. 영어 번역본을 우리말로 중역했기 때문에 독해에 다소 어려움이 있지만 라캉 원전이 전혀 번역되지 않은 현실을 감안할 때 유용성이 있다.

숀 호모, 『라캉 읽기』, 김서영 옮김, 은행나무, 2006
평소 라캉 정신분석학과 사회 이론의 소통을 모색해온 저자가 문화 이론가의 시각에서 대중들이 쉽게 이해할 수 있도록 라캉 사상의 핵심 쟁점을 풀어 쓴 책이다. 독자가 큰 부담 없이 라캉에 접근하게 도와주면서 난해한 상상계, 상징계, 실재계, 남근과 성차 등 핵심 이론이 겨냥하는 바를 이해하게 해주는 책이다.

브루스 핑크, 『에크리 읽기』, 김서영 옮김, 도서출판 b, 2007
『에크리』의 영어판 완역자 브루스 핑크가 대중의 『에크리』 강독에 도움을 주고자 펴낸 해설서이다. 브루스 핑크에 의하면 이 책은 라캉에 대한 주석이나 해석이 아니라 라캉이 하는 말을 통해 그를 이해하고, 문자 그대로 『에크리』를 설명하려고 시도한 책이다. 본서처럼 『에크리』 전반에 대해 설명하지 않고 크게 여섯 가지 주제와 관련 논문을 중심으로 라캉 사상을 풀어내는 데 역점을 두었다. 중요 개념에 대한 심도 깊은 해설이 돋보이는 책으로 본서와 더불어 읽으면 『에크리』 이해에 크게 도움이 될 것이다.

② **외국 문헌**

다음 외국 문헌들은 아직 국내에 소개되지는 않았지만 라캉의 『에크리』를 읽고 연구할 때 참고가 될 만한 책들이다.

Joël Dor, *Introduction à la lecture de Lacan 1: L'inconscient structuré comme un langage*, Éditions Denoël, Paris, 1985

_____, *Introduction à la lecture de Lacan 2: La structure du sujet*, Éditions Denoël, Paris, 1992

라캉 이론에 대한 충실한 해설서로 주석서에 가깝다. 라캉의 개념들과 이론들을 쉽게 설명하면서도 이론적 깊이가 있는 책이다. 상상계, 상징계, 실재계의 기본 개념들은 물론 라캉의 후기 위상학까지 저자의 주관적 관점 없이 라캉 사상의 본래적 의미를 이해할 수 있도록 자세하게 풀어 쓴 것이 강점이며, 라캉 입문서로 활용할 만한 가치가 충분한 책이다.

Alain Juranville, *Lacan et la philosophie*, PUF, Paris, 1988

라캉 이론에서 특히 욕망, 대상, 존재 등에 대해 탐구하면서 제반 개념들의 철학적 함의에 대해 비판적으로 연구했다. 철학자의 시각에서 라캉 사유의 의의, 데카르트주의와의 연관성을 잘 설명하고 있다.

François Roustang, *Lacan, de l'équivoque à l'impasse*, Éditions de Minuit, Paris, 1986

라캉의 실재 개념에 대해 해설하면서 상징화가 불가능한 실재를 서술하려고 하는 라캉 글쓰기의 특징과 전략을 '모호함'이라는 용어로 설명한다. 저자는 '모호함'이 실재를 개념화하는 데 불가결한 일종의 전략이라고 본다. 라캉 실재 개념에 대한 상세한 설명과 상징계와의 관계를 잘 보여주는 책이다.

Claude Conté, *Le Réel et le Sexuel, de Freud à Lacan*,

Point Hors Ligne, Paris, 1992

프로이트의 충동 개념과 라캉의 실재 개념의 연관성과 차이점을 다룬다. 정신분석의 고전적 관점에 아주 충실한 책이다.

Paul-Laurent Assoun, *Que sais-je? Lacan*, PUF, Paris, 2004

프랑스의 유명한 문고판 시리즈 '크세주' 라캉 편으로 라캉의 핵심 개념들을 짧으면서도 조리 있게 요약하고 있다. 저자는 현재도 라캉과 정신분석에 대한 활발한 저술로 권위를 떨치고 있는 전문 정신 분석가이다.

Mikkel Borch-Jacobsen, *Lacan, Le maître absolu*, Champs Flammarion, 1996

라캉 욕망 이론에 끼친 헤겔 사상의 영향, 욕망의 본성과 진리와의 관계 등이 다뤄지고 있다. 라캉주의와 데카르트 및 헤겔 철학의 관계를 잘 보여준다. 하지만 라캉에 대한 헤겔의 영향력을 지나치게 강조한 것이 비판의 대상이 되기도 했던 책이다.

François Balmès, *Ce que Lacan dit de l'être*, PUF, Paris, 1999

라캉에게 존재의 개념이란 무엇인지를 논하면서 존재와 욕망 개념을 중심으로 데카르트와 하이데거가 끼친 철학적 영향을 세심하게 분석하고 있다. 라캉의 진리 개념과 대타자를 하이데거의 알레테이야 개념에 비교하면서 유사점과 대립점의 쟁점을 치밀하게 분석한다. 특히 말년에 라캉이 하이데거의 존재론을 버리고 다시 데카르트의 주체 개념으로 돌아가는 이유를 잘 설명하고 있다.

Jean-Luc Nancy, Philippe Lacoue-Labarthe, *Le titre de la lettreune lecture de Lacan*, Éditions Galilée, Paris, 1973

두 명의 철학자가 라캉 이론에서 문자(시니피앙)가 어떻게 정의되는가를 살펴보면서 라캉 시니피앙 이론을 비판적 시각으로 살핀다. 라캉 시니피앙 이론에 대해 이야기할 때 많이 인용되는 책이기도 하다. 라캉 자신이 이 책에 대해 비판적으로 응수하기도 하였다.

Jean-Pierre Dreyfus, Jean-Marie Jadin, Marcel Ritter, *Qu'est-ce que l'inconscient 2: l'inconscient structuré comme un langage*, Arcanes, Strasbourg, 1999

유명한 정신 분석가 세 명이 돌아가면서 주제별로 라캉 이론에 대해 강의한 것을 출판한 책이다. 강의 형식에 걸맞게 주제들을 쉽게 풀어가면서 라캉 이론의 핵심 내용과 발달 과정을 추적한다. 조엘 도르의 『라캉 강독을 위한 입문*Introduction à la lecture de Lacan*』과 더불어 입문서로 활용할 만한 가치가 있는 책이다.

※ 초판 1쇄 이후 국내 출간된 관련 도서

자크 라캉, 세미나 11 『정신분석의 네 가지 근본개념』, 맹정현 · 이수련 옮김, 새물결, 2008
 2008년 12월 라캉의 세미나 11권 『정신분석의 네 가지 근본개념』이 한글판으로 번역되어 나왔다. 라캉의 불어 원전에 대한 국내 최초 번역본이다.

# 라캉 연보

**1901년** 파리에서 출생.

**1919년** 스타니슬라스 중학교 졸업. 학창 시절 라캉은 스피노자에 매료되었으며, 다른 한편으로는 다다이즘과 극우 사상가 샤를 모라스의 생각에도 심취하였음.

**1920년** 의학 공부 시작.

**1926년** 생트안느 병원의 앙리 클로드(정신질환 및 뇌 전문가) 밑에서 정신과 인턴과정 수료. 1926년부터 다양한 전문 잡지에 의학 및 정신의학과 병리학에 관한 논문들을 공동 명의로 발표.

**1928년** 가에탕 가티앙 드 클레랑보의 지도하에 경찰청 정신병원 특별 의무실에 1년간 근무. 클레랑보는 라캉의 박사 학위논문에 많은 영향을 미친 사람으로서 후에 라캉은 그를 자신의 공식적인 스승으로 인정.

**1930년** 초현실주의자 르네 크르벨René Crevel, 앙드레 브르통 등을 만나고 편집증에 대해 살바도르 달리와 토론. 초현실주의자들은 라캉이 프로이트와 마르크스를 결합시켜 전후 사상 혁명을 주도할 새로운 사람으로 환영했으며 라캉의 박사 학위논문에도 제일 먼저 관심을 표명한 사람들임. 라캉이 어울렸던 제일 처음 그룹이 초현실주의자들임.

**1932년** 의학박사 학위논문 『인격과 관련된 편집증적 정신병에 대하여De la psychose paranoïaque dans ses rapports avec la personnalité』를 발표하고 학위를 받음. 이해부터 라캉은 정신 분석가가 되기 위해 루돌프 뢰벤슈타인과 함께 교육 분석을 시작하는데, 분석은 약 6년간 지속되었음.

**1933년** 알렉상드르 코제브가 헤겔의 『정신현상학』에 대해 세미나를 시작. 이해에 라캉은 프랑스를 놀라게 했던 두 하녀의 엽기적 범죄를 분석한 「편집증적 범죄의 동기: 파팽 자매의 범죄Motifs du crime paranoïaque: le crime des soeurs Papin」라는 논문을 초현실주의자들의 기관지 『미노토르Minotaure』에 발표.

**1934년** 파리정신분석학회(SPP)에 준회원으로 가입. 외과의사이며 그의 친구인 실뱅 블롱댕Sylvain Blondin의 누이 마리루이즈 블롱댕Marie-Louise Blondin과 결혼. 이 둘 사이에서 세 아이가 태어남.

**1935년** 알렉상드르 코이레가 중심이 되어 간행되는 『철학연구Recherches philosophiques』 그룹과 짧은 관계를 맺음.

**1936년** 정신병원 의사로 임명되고 생트안느 병원에서 환자들을 돌보게 됨. 이해에 라캉은 독일 마리엔바트에서 개최된 국제정신분석협회(IPA)의 회의에 처음으로 참가하여 거울단계에 대한 짧은 보고를 함. 그러나 의장인 어니스트 존스에 의해 발표가 중단되면서 격노한 라캉은 텍스트도 제출하지 않고 회의장을 떠남. 이때 발표된 거울단계에 대한 발표문은 영구히 사라짐.

**1938년** SPP의 정식 회원으로 선출. 그 직후 뢰벤슈타인과의 교육 분석을 일방적으로 중단. 프랑스 대백과사전에 수록될 '가족'에 대한 시론이 나옴. 이 시론은 1984년 『개인 형성에 있어서의 가족 콤플렉스, 정신분석에서의 한 기능 분석을 위한 시론Les complexes familiaux dans la formation de l'individu, Essai d'analyse d'une fonction en psychanalyse』이라는 제목으로 재간됨. 이 시론은 『또 다른 에크리』에도 수록되어 있음.

**1939년** 1933년에 조르주 바타유와 헤어진 실비아 막클레스바타유Sylvia Macklès-Bataille를 만나서 동거 시작. 군대에

징집.

**1941년** 실비아와 라캉 사이에 딸 주디트 바타유Judith Bataille 출생. 마리루이즈와 이혼. 파리로 돌아온 라캉은 생트 안느 병원에서 얼마간 근무를 한 후 자신의 개인 환자들을 돌보는 데 주력.

**1942년** 릴 거리 5번지에 있는 아파트에 새로이 정착. 죽을 때까지 이곳에서 살게 됨.

**1946년** 「논리적 시간과 예측된 확실성의 단언Le temps logique et l'assertion de certitude anticipée」 발표.

**1947년** 5주간 영국을 방문하고 돌아와 「영국의 정신의학과 전쟁La psychiatrique anglaise et la guerre」 발표.

**1948년** 「정신분석에 있어 공격성Aggressivité en psychanalyse」 발표.

**1949년** SPP의 새 정관이 만들어지는 데 주도적인 역할을 함. 이 정관 초안에서 라캉은 정신분석이 의사들에 의해 독점되어서는 안 된다는 입장을 밝힘.

스위스 취리히에서 열린 IPA 총회에서 거울단계에 대해 다시 발표. 발표문은 「정신분석 경험에서 나타나는 '나'라는 기능의 형성자로서 거울단계Le Stade du miroir comme formateur de la fonction du Je, telle qu'elle nous est révélée dans l'expérience psychanalytique」라는 제목으로 출간. 이

후 『에크리』에 재수록.

**1951년** 자신의 집에서 '도라 사례'에 관한 개인 세미나 시작. 그다음 해에는 '쥐인간'에 대한 세미나를 진행했는데 세미나 자료는 남아 있지 않음.

**1952년** 「전이에 대한 개입Intervention sur le transfert」 발표.

**1953년** SPP 회장으로 선출됨. SPP 내에 분열 시작. 다니엘 라가슈와 프랑수아즈 돌토 등이 SPP를 탈퇴하여 프랑스정신분석학회(SFP) 창설. 라캉도 새로운 조직에 가담. SFP가 개최한 첫 학술 대회에서 라캉은 「상징계, 상상계, 실재계Le symbolique, l'imaginaire et le réel」 발표. 「정신분석에서 말과 언어의 기능과 장Fonction et champ de la parole et du langage en psychanalyse」을 SFP 로마 총회에서 발표. 실비아와 재혼. 생트안느 병원의 대강당에서 공개 세미나를 처음으로 시작.

**1955년** 「〈도둑맞은 편지〉에 대한 세미나Le séminaire sur 〈La Lettre volée〉」 발표.

**1956년** 하이데거 논문 「로고스Logos」 번역본이 라캉에 의해 출간.

**1957년** 소르본 대학교 문과대 학생들의 요청을 받고 「무의식에 있어 문자의 심급, 혹은 프로이트 이후의 이성L'instance de la lettre dans l'inconscient ou la raison depuis

Freud」이라는 제목으로 강연.

**1958년**「남근의 의미La signification du phallus」발표.

**1959년** SFP가 IPA에 공식 지부로서 승인을 요청.「어니스트 존스를 기념하여: 그의 상징주의 이론에 대하여A la mémoire d'Ernest Jones: sur sa théorie du symbolisme」발표.

**1960년**「여성의 성에 대한 학술회의를 위한 지침서Propos directifs pour un congrès sur la sexualité féminine」와「프로이트적 무의식에 있어서 주체의 전복과 욕망의 변증법 Subversion du sujet et dialectique du désir dans l'inconscient freudienne」발표.

**1962년**「칸트와 사드Kant avec Sade」발표. 이 논문은 원래 총 15권으로 예정된 '사드 후작 전집(Oeuvres complètes du Marques de Sade)' 시리즈의 하나인 『규방철학la philosophie dans la boudoir』에 부치는 서문으로 청탁을 받아 쓰였지만 실제로는 다른 곳에 수록됨.

**1963년** SFP와 IPA의 교육법 전문가 명단에서 제명됨.

**1964년** 쇠유Seuil 출판사의 프랑수아 발과 '프로이트적 장'이라는 시리즈를 출판하기로 계약. 라캉이 주도하여 파리프로이트학교(EFP) 설립.

**1965년** SFP가 특별 총회를 거친 후 해산. IPA에 의해 프랑스정신분석연합(Association Psychanalytique de France, 이하

APF)이 유일한 적법 단체로 승인됨. 「과학과 진리La science et la vérité」 발표.

**1966년** 『에크리Écrits』를 출간. 『에크리』는 출판되자마자 베스트셀러가 되면서 엄청난 대중적 반향을 불러일으킴.

**1967년** 「'학교'의 정신 분석가에 대한 1967년 10월 9일 제안Proposition du 9 octobre 1967 sur le psychanalyste de l'Ecole」 발표. 이 논문에서는 EFP 내에서 논란의 대상이 되었던 분석가 훈련과 선임 절차인 '통과' 개념이 소개되고 있음.

**1968년** EFP의 기관지 『실리세Scilicet』 창간. 잡지는 1973년까지 총 7권이 발간됨.

**1969년** EFP가 공식적으로 라캉의 「'학교'의 정신 분석가에 대한 1967년 10월 9일 제안」을 내부 지침서로 채택. ENS 강의실이 학교장 로베르 플라슬리에르Robert Flacelière에 의해 회수되고, 라캉의 세미나는 팡테옹Panthéon의 법학부로 옮겨져서 진행됨.

**1970년** 벨기에 라디오 방송국에서 진행된 대담 「라디오포니Radiophonie」가 출간됨.

**1972년** 「레투르디L'Etourdit」 발표.

**1973년** ORTF를 통해 방송된 텔레비전 강연을 기초로 한 텍스트 『텔레비지옹Télévision』 발표.

**1980년** 일간신문 「르몽드」를 통해 EFP의 해체를 일방적으로 선언. 개별적으로 입회 원서를 낸 사람들을 데리고 프로이트주의파(CF)를 설립.

**1981년** 프로이트주의학교(ECF)가 CF를 계승. 9월 9일 장 종양 제거 수술에 이은 신부전증으로 파리의 한 병원에서 사망.

## 주

1) 전미래 시제는 불어 특유의 시제로 원래 미래보다 조금 앞서 있는 어떤 시점을 가리킨다. 예를 들어 "너희들이 돌아올 때쯤이면, 나는 외출했을 것이다."라는 문장을 보자. 여기에서 "너희들이 돌아올 때"는 미래를 가리키며, "나는 외출했을 것이다"는 "너희들이 돌아올" 시점 직전에 이루어질 행위를 가리키는데, 이때 사용되는 시제가 바로 전미래 시제이다.

라캉은 직선적 시간관 대신 현재의 일이 과거에 대해 소급적으로 영향을 미치는 것을 설명하기 위해 전미래 시제를 사용한다. 전미래에서는 미래가 그 직전 행위에 의미를 주는데, 이렇듯 현재와 과거도 긴밀하게 연관되며 상호작용하기 때문에 이미 사라져버린 순수 과거는 없다는 것이다. 마찬가지로 주체는 항상 현재 시점에 문제되지만 그것이 언어로 표현되기 직전에 존재하는 그런 것이다. 『에크리』에서 라캉은 과거에 이미 쓴 텍스트들을 현재의 학설에 비추어 해석하면서 '이미 거기에'의 시점을 이입한다. 다시 말해 텍스트의 내용을 현재 의미로 수정하면서도 그것이 현시점에서의 수정이 아니라 이미 과거 사상에 필연적으로 내재하고 있었던 것처럼 보이게 만든다. 전미래 시제는 라캉뿐 아니라 데리다 등 다른 철학자들에 의해서도 비슷한 이유로 주목받았다.

2) 원래 성적 쾌락을 의미하는 불어 단어 'jouissance'는 여러 의미를 동시에 함축하기에 하나의 용어로 번역하기가 곤란하다. 영어권에서도 번역 없이 원어를 직접 사용하는 단어가 바로 주이상스이다. 보통 '향유'나 '향락'으로 번역하지만 주이상스는 성적 의미 외에도 법적으로 부여된 용익권이라는 뜻도 포함한다. 이것은 쾌락원리를 넘어 금지된 욕망에서 얻을 수 있는 극단적인 쾌락을 일컫는데 사실상 불가능한 쾌락이다.

본문에서 일반적 의미로 사용할 때에는 '주이상스'라고 지칭하지만 보다 쉬운 이해를 위해 문맥에 따라 '향유'나 '향락'이란 말도 가끔 사용하겠다. 『에크리』가 출판될 당시는 아직 실재와 주이상스에 대한 세밀한 개념화가 이루어지지 않았다. 하지만 라캉은 상징계를 넘어서고 그것을 좌절시키는 영역인 실재에 대해 『에크리』에서 계속해서 강조한다. 주이상스에 대한 더 자세한 설명은 2부 2장 '『에크리』의 핵심 사상'의 '실재, 주이상스, 승화' 편을 참조하라.

3) 자신의 과거에 대한 회상은 『에크리』에 실린 「나의 전력에 대하여」라는 논문에 잘 나타나 있다.

4) 센 강 좌안에 있으며 생미셸 거리가 남북으로 뚫려 있다. 프랑스 학술원, 소르본 대학교, 콜레주 드 프랑스 등 각종 연구 기관과 대학 및 유서 깊은 카페가 자리 잡고 있으며, 파리 지식인들이 자주 어울렸던 동네이다. 오늘날에도 많은 서점과 출판사가 있으며, 세계 각국에서 온 수많은 유학생과 프랑스 지식인들이 선호하는 곳으로 독특한 지적 열기와 고풍스러운 멋을 자랑한다.

5) 이들은 주로 센 강 우안 파리 16구의 대저택에 거주했다. 파리 우안이 화려한 상점들과 유명한 건축물이 많다면 좌안은 대학과 서점이 많아 분위기가 많이 다르다. 파리 지식인들의 만남과 활동은 주로 좌안을 중심으로 이루어진다.

6) IPA 규칙에 따르면 분석 치료는 주당 네다섯 번의 분석을 통해 이루어져야 하며, 매회 분석은 최소 50분 지속되어야 했다. 이 규칙은 치료만이 아니라 훈련 분석에도 똑같이 적용되었다. 모든 IPA 지부에서 통용되는 이 규칙에는 분석 과정에서 피분석가의 권리를 존중해야 한다는 생각이 반영되어 있다. 하지만 라캉은 분석 시간을 임의로 바꾸거나 자신이 적당하다고 생각하는 순간에 갑자기 분석을 중단하곤 했다. 라캉이 의도한 것은 분석가가 분석 시간을 임의로 조절함으로써 환자의 저항과 분석 시간에 치료에 협조하지 않고 딴생각하는 것을 막을 수 있다는 것이다. 그러나 실제로는 라캉의 방식이 규칙을 충실하게 지키는 사람들보다 짧은 분석을 이용해 더 많은 훈련가를 키워내는 결과를 가져왔기 때문에 SPP 내에서 라캉을 비난하며 반발하는 사람이 많이 생기게 된다. 라캉이 IPA에서 제명되는 직접적 이유도 가변적 분석 시간 때문이었다.

7) 프로이트는 정신 구조의 은유적 모델이라 할 수 있는 자신의 지형학을 두 차례 소개한다. 첫 번째 지형학은 『꿈의 해석』에서 제시되었는데 정신이 '의식' '전의식' '무의식'으로 이루어져 있다고 설명한다. 그리고 1920년대에 프

로이트는 두 번째 정신 구조 모델을 새롭게 제시하는데, 정신은 '자아' '초자아' '이드' 이 세 부분으로 구성되어 있으며, 세 영역은 서로 갈등하고 타협하면서 인간을 역동적인 성적 존재로 만든다는 게 요체이다.

8) 이 주제는 1973~1974년 세미나에서 다시 다뤄진다. 이때 라캉은 '아버지의 이름'을 동음이의어인 다른 말로 바꾸어 말장난을 하면서 또 다른 의미를 깨우쳐준다. 라캉은 세미나의 제목을 'Les Non-dupes-errent'이라고 붙였는데 '아버지의 이름'과 동음으로 발음되는 이 말은 '속지 않는 자들은 잘못하는 것이다'라는 뜻이다. 상징계가 주체를 소외시키기는 하지만 주체는 상징계로 들어가야만 하고 그러기 위해 속는 줄 알면서도 '아버지의 이름'을 받아들여야 한다는 뜻이다.

9) "「치료의 방향과 그 힘의 원리들」이라는 글과 로마 담론이 확립한 대타자의 담론이 앞에서 상기시킨 것은 '죽음'이 아닌가?"(자크 라캉, '의도에 대하여', 『에크리』, p. 363)
라캉은 상징계의 속성인 반복은 그 이면에 죽음, 즉 기호에 의한 사물의 살해가 깔려 있기 때문이라고 설명한다. 반복은 상징계의 자동적 과정이기도 하지만 동시에 말하는 주체가 느끼는 결여 때문에 지속된다.

10) 'phallus'는 남성 성기의 상징물을 말하는 것으로 '남근'으로 번역하였으며, 'penis'는 실제 남성기를 지칭하는 말로 '페니스'로 번역하여 둘을 구별하였다. 라캉은 이 둘의 구별을 강조하였다. 남근에 대한 자세한 설명은 2부 2장의 '남근과 성차' 편을 참조하라.

11) 음절표(syllabaire)는 발음상의 음절을 구분하는 기호표를 말한다. 라캉이 이 제목을 붙인 것은 본래의 뜻도 있겠지만 이 서문이 그 직전 글에서 언급한 실버러(Silberer)에 대한 각주처럼 소개되고 있기 때문이다. 여기에서도 라캉 특유의 버릇인 동음이의어를 이용한 말장난을 볼 수 있다.

12) 세미나 XI의 제목은 『정신분석의 네 가지 근본 개념』이다.

13) 시니피앙signifiant을 보통 '능기' 혹은 '기표'라는 말로 번역하지만, 라캉과 관련해서는 시니피앙이라는 원어를 사용하는 게 더 좋다고 본다. 라캉은 시니피앙을 고정적인 의미화에 매이지 않는 순수 물질적 질료라고 정의하기 때문에 독자가 이 단어를 접할 때 아무런 뜻도 모르고 시니피앙이라고 부르는 게 라캉의 의도에 더 맞을 수 있기 때문이다. 시니피앙과 짝을 이루는 시니

피에signifié도 원어를 사용했다. 하지만 문맥에 따라 좀 더 쉬운 이해가 필요할 때에는 그냥 '기표'나 '기의'라고 명시했다.

14) 연산식은 「문자의 심급」에서 볼 수 있는데 라캉은 원래 소쉬르가 의도한 기호 모델을 $\frac{S}{s}$ 연산식으로 바꾸어 표기할 수 있다고 말한다. 하지만 $\frac{S}{s}$ 연산식은 소쉬르의 기호라기보다는 라캉 자신의 고유한 고안물로 봐야 한다(자크 라캉, 「문자의 심급」, 『에크리』, p. 497 참조).

15) 라캉은 여러 곳에서 "하나의 시니피앙이 또 다른 시니피앙을 위해 주체를 대리한다."라는 문장을 공식처럼 제시하는데, 『에크리』에서는 「무의식의 위치」에서 이 표현을 볼 수 있다(자크 라캉, 「무의식의 위치」, 『에크리』, p. 835 참조).

16) 자크 라캉, 「1956년 정신분석의 상황」, 『에크리』, p. 469 참조.

17) 자크 라캉, 「〈도둑맞은 편지〉에 대한 세미나」, 『에크리』, p. 29 참조.

18) 이마고에 대한 자세한 설명은 2부 2장의 '상상계와 자아' 편을 보라.

19) 자크 라캉, 「정신적인 인과성에 대한 설명」, 『에크리』, p. 181.

20) 라캉은 은유를 하나의 시니피앙이 또 다른 시니피앙을 대체하는 것이라고 설명한다. 부성 은유란 '아버지의 이름'이 어머니의 시니피앙을 대체한다는 말이다. 라캉은 1957~1958년에 진행된 세미나 V, 『무의식의 형성물 Les formations de l'inconscient』에서 오이디푸스콤플렉스의 세 단계를 상세히 설명하면서 부성 은유의 공식도 제시한다.

21) 자크 라캉, 「예비적 문제에 대하여」, 『에크리』, p. 577.

22) 물에 대한 더 자세한 설명은 2부 2장의 '실재, 주이상스, 승화' 편을 참조하라.

23) 자크 라캉, 「문자의 심급」, 『에크리』, p. 507.

24) 자크 라캉, 「문자의 심급」, 『에크리』, p. 508.

25) 자크 라캉, 「치료의 방향과 그 힘의 원리들」, 『에크리』, p. 623.

26) 자크 라캉, 「〈도둑맞은 편지〉에 대한 세미나」, 『에크리』, p. 53.

27) 자크 라캉, 「정신분석에서 말과 언어의 기능과 장」, 『에크리』, p. 249 참조.

28) 광학 모델에서 실재 대상이란 거울 앞에 놓여 있는 꽃병을 말하고, 실재 이미지는 꽃병 밑에 있는 상자 속에 감추어져 직접 볼 수는 없지만 그 앞에 있

는 오목거울을 통해 꽃병 위에 투사된 꽃의 이미지를 말한다. 그리고 가상 이미지는 오목거울의 이미지(꽃)를 다시 평면거울을 통해 애초의 오목거울의 위치에서 들여다보는 이미지를 말한다. 그럼으로 가상 이미지는 이미지의 이미지라고 말할 수 있으며 평면적인 거울 속 공간에 위치하는 반사 이미지이다.

29) 라캉은 「프로이트적인 것」이라는 논문에서 "나 진리, 내가 말한다."라는 유명한 말을 남긴다. 진리는 늘 우리에게 말을 걸어오는데 그것은 욕망의 목소리라고 할 수 있다(자크 라캉, 『에크리』, p. 409 참조).

30) 자크 라캉, 「프로이트적인 것」, 『에크리』, p. 417.

31) 자크 라캉, 「정신분석과 그 가르침」, 『에크리』, p. 437.

32) 라캉은 하이데거의 논문 「로고스」를 직접 번역해서 1956년 『정신분석』이라는 잡지에 싣기도 했으며, 하이데거를 직접 방문하기도 했다. 존재와 언어에 관한 주제는 1953~1954년 진행된 세미나 I, 『프로이트의 분석 기술에 관한 글들 Les écrits techniques de Freud』에서 많이 언급되고 있다. 나중에 라캉은 점차 하이데거 사상과 단절하고 데카르트로 기운다.

33) 하이데거는 사물과 관념의 일치를 진리의 기준으로 보는 전통적 시각에 반대하여 진리의 본질을 자유에서 찾는다. 하이데거가 보기에 전통적 진리관은 사물이나 사물에 대한 지식에 종속되기 때문이다. 여기에서 자유란 사유하는 개인에 속한 것이 아니라, 존재자의 드러남에 스스로를 위탁하는 것을 말한다. 이 존재의 드러남이 바로 알레테이아이다. 그런데 드러남은 동시에 존재의 은폐를 동반할 수밖에 없기에 우리는 존재에 대해 언제나 부분적으로 알 수밖에 없으며, 오류도 진리의 차원에 속하는 것이다. 하이데거의 진리관은 라캉에게도 적지 않은 영향을 주었는데 세미나 I에서 다뤄지는 존재와 언어의 관계는 하이데거의 알레테이아 개념과 유사하다.

34) 자크 라캉, 세미나 XI, 『정신분석의 네 가지 근본 개념』, p. 199.

35) 프로이트 문장에 대한 라캉의 재해석은 『에크리』 여러 곳에 나온다. 대표적으로 「프로이트적인 것」 p. 417, 「주체의 전복과 욕망의 변증법」 p. 802, 「과학과 진리」 p. 864를 보면 된다. 라캉은 자아심리학을 논박하고 욕망에서 무의식 주체를 강조하기 위해 프로이트의 경구를 새롭게 해석했다.

36) 자크 라캉, 「치료의 방향과 그 힘의 원리들」, 『에크리』, p. 627 참조.

37) 자크 라캉, 세미나 XI, 『정신분석의 네 가지 근본 개념』, 16장 '주체와 대

타자', pp. 185~195 참조. 그리고 『에크리』의 「무의식의 위치」에서도 '소외와 분리'가 언급된다.

38) 자크 라캉, 「무의식의 위치」, 『에크리』, p. 840 참조.

39) 자크 라캉, 세미나 XI, 『정신분석의 네 가지 근본 개념』, p. 157 참조.

40) 자크 라캉, 「주체의 전복과 욕망의 변증법」, 『에크리』, p. 808.

41) 자크 라캉, 「문자의 심급」, 『에크리』, p. 509.

42) 슬라보예 지젝, 이수련 옮김(2002), 『이데올로기라는 숭고한 대상』, 인간사랑, p. 294 참조.

43) 자크 라캉, 「문자의 심급」, 『에크리』, p. 517.

44) 1953년에 발표된 「정신분석에서 말과 언어의 기능과 장」에서는 대타자(Autre) 대신 소타자(autre)를 쓰고 있다. 나중에 라캉은 대타자를 대문자 A로 표기하고 소타자를 소문자 a로 고쳐 쓰면서 의미론적 차이를 분명히 한다. 상징계와 관련되어 타자가 이야기될 때에는 보통 대타자를 말하는 것으로 생각하면 된다.

45) 자크 라캉, 「문자의 심급」, 『에크리』, p. 528.

46) L도식은 『에크리』에 수록된 제일 첫 번째 논문 「〈도둑맞은 편지〉에 대한 세미나」 p. 55에 나온다. 그리고 간략하게 축소된 L도식이 「예비적 문제에 대하여」 p. 548에 나온다. 한편 1954~1955년에 진행된 세미나 II, 『프로이트 이론과 정신분석 기술에서의 자아Le moi dans la théorie de Freud et la technique de la psychanalyse』의 한 장에서 라캉은 대타자에 대해 설명하면서 L도식을 언급(세미나 II, p. 284 참조)한다. 이 세미나에서 라캉은 분석의 최종적 목표가 언어의 장벽을 넘어 주체와 주체의 진정한 만남을 겨냥하는 것이라고 말한다. 그러나 이 말이 상상계를 배제한 순수 상징계의 만남이 가능하다는 뜻은 아니다. 라캉은 자아 없는 주체란 있을 수 없다는 것을 동시에 언급하기 때문이다. 라캉의 말은 진정한 분석은 자아심리학이 겨냥하는 것처럼 상상계의 자아와 이상화된 분석가라는 타자적 관계에 초점이 맞춰져서는 안 되고 상징계를 겨냥해야 한다는 의미로 해석해야 한다.

47) 라캉은 언술 행위의 주체가 욕망을 드러내는 순간이 진리의 순간이라고 말한다. 이 순간은 언표 주체가 실격하는 틈을 비집고 언술 행위의 주체가 드

러나는 순간으로 이러한 진실의 틈은 의도적인 것이 깨질 때에만 가능하다. 그러므로 라캉은 말을 하면서 언표 주체를 속이는 행위를 반쯤 말하기 전략이라고 하는데 농담이나 말실수가 그것이다(자크 라캉, 「레투르디」(1972), 『실리세』, no. 4, p. 8 참조).

48) 자크 라캉, 「정신분석에서 말과 언어의 기능과 장」, 『에크리』, p. 254 참조.

49) 자크 라캉, 「예비적 문제에 대하여」, 『에크리』, p. 549 참조.

50) 자크 라캉, 「문자의 심급」, 『에크리』, p. 520 참조.

51) 자크 라캉, 「무의식의 위치」, 『에크리』, p. 839.

52) 자크 라캉, 「주체의 전복과 욕망의 변증법」, 『에크리』, p. 818.

53) 프로이트에 의하면 무의식은 무엇보다 억압과 연관되며, 심리 기구 상호 간 갈등과 타협, 증상 등에 의해 특징지어진다. 프로이트는 외부적 요인을 강조하면서도 무의식의 실체를 개인의 내면에서 찾는다.

54) 자크 라캉, 「1956년 정신분석의 상황」, 『에크리』, p. 469 참조.

55) 자크 라캉, 「남근의 의미」, 『에크리』, p. 690.

56) 자크 라캉, 「남근의 의미」, 『에크리』, p. 691 참조. 분열이란 원래 프로이트가 정신 기관 모델에서 자아가 전의식과 무의식으로 나누어짐을 지칭할 때 사용한 용어이다. 라캉은 이를 주체 분열 논리처럼 구조적 대립 관계로 파악한다.

57) 자크 라캉, 「정신분석에서 말과 언어의 기능과 장」, 『에크리』, p. 319 참조.

58) 라캉은 불어 격조사 'de'의 두 가지 문법적 용법(주격과 목적격)으로 이를 설명한다(자크 라캉, 「주체의 전복과 욕망의 변증법」, 『에크리』, p. 814 참조).

59) 아직 출간되지 않은 세미나이다.

60) A는 완성된 그래프에서 문장을 끝맺는 구두점 찍기에 해당하기도 하고, 언어를 규정하는 문법이나 코드의 장소를 말하기도 한다. 사후 작용을 보여주는 그래프 I은 동시에 누빔점을 묘사하는 그래프로 활용되기도 한다. 누빔점이란 시니피에가 시니피앙에 결합하지 못하고 그 밑으로 흘러가면서 무한한 의미의 퇴행이 일어나 대화가 불가능해지지 않도록 시니피에와 시니피앙을 인위적으로 고정시켜주는 지점이다. 고정점에 의해 의미가 고정되고 의사소통이 가능해진다. 정신병에서는 누빔점이 제 역할을 하지 못함으로써 의미

의 무한한 퇴행이 반복되면서 언어의 정상적인 활용이 불가능해진다. 라캉에 의하면 특히 정신병은 상징계로 진입하는 과정에서 아이가 '아버지의 이름'을 수용하지 못하고 이를 폐제할 때 발생하게 된다. 고정점 확보에 실패하기 때문에 언어적 장애가 발생하는 것이다.

61) 자크 라캉, 「주체의 전복과 욕망의 변증법」, 『에크리』, p. 807 참조.

62) 아버지가 개입하기 이전에 어머니와 자식 간의 이자 관계를 전오이디푸스 시기라 부르며 특히 멜라니 클라인 학파에 의해 어머니와 딸의 특별한 관계를 지칭하는 개념으로 사용되었다. 라캉은 전오이디푸스 시기가 이미 아버지에 속한 남근적 기능에 의해 구조화됨을 말하면서 이자 관계가 아닌 삼자 관계를 강조했다.

63) 라캉은 남근이 "대타자 욕망의 시니피앙"이라고 말한다(자크 라캉, 「남근의 의미」, 『에크리』, p. 694 참조).

64) 자크 라캉, 「어니스트 존스를 기념하여」, 『에크리』, p. 710.

65) 라캉은 성적 충동에 대해 세미나 XI에서 설명하면서 다음처럼 성에 대해 정의한다. "성이라는 것은 결여라는 길을 통해서 주체 속에 자리를 잡는다." (자크 라캉, 세미나 XI, 『정신분석의 네 가지 근본 개념』, p. 186)

66) "상징계에서 공백은 충만함과 마찬가지의 시니피앙이다. [……] 모든 변증법적 운동의 최초 발걸음을 내딛게 만드는 것이 바로 공백이 갖고 있는 틈이다."(자크 라캉, 「프로이트의 《부정》에 대한 장 이폴리트의 논평에 대한 답변」, 『에크리』, p. 392)

67) 자크 라캉, 「남근의 의미」, 『에크리』, p. 686 참조.

68) 자크 라캉, 세미나 XI, 『정신분석의 네 가지 근본 개념』, p. 153 참조. 충동 개념은 『에크리』보다는 1964년에 진행된 세미나 XI에서 자세하게 논의되고 있다.

69) 자크 라캉, 세미나 XI, 『정신분석의 네 가지 근본 개념』, p. 187 참조.

70) 자크 라캉, 세미나 XX, 『다시 Encore』, p. 73.

71) 아리스토텔레스가 말하는 정언명제의 네 가지 형식은 다음과 같다.
 (1) 전칭긍정 판단: 모든 S는 P이다(A). (2) 전칭부정 판단: 모든 S는 P가 아니다(E). (3) 특칭긍정 판단: 어떤 S는 P이다(I). (4) 특칭부정 판단: 어떤 S는 P가

아니다(O).

72) 세미나 III, 『정신병 Les psychoses』을 말한다.

73) 슈레버에 대한 언급은 「예비적 문제에 대하여」, 『에크리』 pp. 531~583에서 자세히 다뤄지고 있다.

74) '소외와 분리'는 2부 2장의 '주체 분열과 진리 개념' 편을 보라.

75) 자크 라캉, 세미나 III, 『정신병』, p. 284.

76) 자크 라캉, 세미나 III, 『정신병』, pp. 90~91 참조.

77) 이것은 특히 정신분열중에 두드러진 현상이며 슈레버 같은 편집증의 경우에는 외관상 말의 조리와 논리성은 발견된다. 실제로 슈레버는 만찬에서 예의 바른 모습으로 손님들과 대화를 하기도 했다. 그러나 편집중 역시 주체를 지탱해줄 상징계의 토대가 허약하므로 쉽게 망상의 논리에 종속된다. 분석에서 정신병을 진단할 때 가장 첫 번째 기준이 되는 것은 언어 장애 여부이다.

78) 자크 라캉, 「문자의 심급」, 『에크리』, p. 520.

79) 프로이트가 간접적으로 분석한 '꼬마 한스'의 사례가 부인의 적절한 예가 될 수 있다. 한스는 누이동생이 태어나서 목욕하는 것을 보았을 때 동생의 고추가 작지만 곧 커질 거라고 믿으면서 거세를 부인했다.

80) 자크 라캉, 「예비적 문제에 대하여」, 『에크리』, p. 554.

81) 자크 라캉, 「칸트와 사드」, 『에크리』, p. 774 참조. 여기에서 새로운 도식이 소개되고 있는데 환상 도식의 전도된 모습이다.

82) 브루스 핑크, 맹정현 옮김(2002), 『라캉과 정신의학』, p. 333 참조.

83) 분리란 상징계에 진입할 때 상실하는 존재의 부분을 시니피앙의 연쇄로부터 되찾으면서 자신을 욕망하는 주체로 구성하는 작용이다. 자세한 것은 2부 2장의 '주체 분열과 진리 개념' 편을 보라.

84) 자크 라캉, 「프로이트의 《부정》에 대한 장 이폴리트의 논평에 대한 답변」, 『에크리』, p. 388 참조.

85) 라캉은 1972~1973년에 진행된 세미나 XX, 『다시』에서 주이상스를 자세히 설명하면서 성관계란 '쓰이지 않기를 멈추지 않는 것(ne cesse pas de ne pas s'écrire)'이라고 말했는데, 성관계란 원천적으로 설명이 불가능한 실재를

말한다. 실재와 달리 필연성에 지배를 받는 상징계는 '쓰기를 멈추지 않는 것 (ne cesse pas de s'écrire)'으로 정의된다. 이처럼 구조적으로 서로를 전제하는 상징계와 실재계의 모순적인 길항관계와 그것이 주체의 삶에 미치는 역동적 효과를 라캉의 실재 개념에서 강조할 필요가 있다. (자크 라캉, 세미나 XX, 『다시』, pp. 86-87 참조).

86) 자크 라캉, 세미나 XI, 『정신분석의 네 가지 근본 개념』, p. 152.

87) 자크 라캉, 「〈도둑맞은 편지〉에 대한 세미나」, 『에크리』, p. 25 참조.

88) 늑대인간의 환상을 실재와 연관시키는 라캉의 설명은 「프로이트의 《부정》에 대한 장 이폴리트의 논평에 대한 답변」에서 찾아볼 수 있다(『에크리』, pp. 381~399 참조).

89) 자크 라캉, 세미나 II, 『프로이트 이론과 정신분석 기술에서의 자아』, p. 122.

90) 심리학 이론에 '유도저항 이론'이 있다. 이 이론에 따르면 사람들이 행동하고 무엇을 갖고자 할 때 제약을 받으면 그것에 저항하는 심리가 발생한다는 것이다. 유도저항 이론은 왜 가질 수 없는 남의 떡이 더 커 보이는지, 연애를 반대하면 왜 그 상대와 더 결혼하고 싶어지는지, 왜 잃어버린 물건이 소중한지 등을 잘 설명해준다. 라캉도 마찬가지인데 욕망 때문에 금지가 생기는 게 아니라, 금지가 욕망을 부른다고 말한다.

91) 미출간된 세미나로 권 번호는 XIII이다.

92) 이 논문은 『에크리』의 제일 마지막 논문이며, 이 논문 다음에 두 개의 논문이 부록으로 실려 있다.

93) 자크 라캉, 「'현실원리'를 넘어서」, 『에크리』, p. 79 참조.

94) 자크 라캉, 「과학과 진리」, 『에크리』, p. 874 참조.

95) 자크 라캉, 「정신분석에서 말과 언어의 기능과 장」, 『에크리』, p. 284 참조. 이 로마 담론에서 언어학의 중요성이 강조되고, 언어학적 성과를 매개로 새롭게 다듬은 정신분석 이론은 주체의 과학이라는 입장이 선포된다.

96) 지그문트 프로이트, 임인주 옮김(2004), 『농담과 무의식의 관계』, 열린책들, p. 148. 라캉의 재인용은 『에크리』 p. 20에 있다.

97) 자크 라캉, 「프로이트의 《부정》에 대한 장 이폴리트의 논평에 대한 답변」, 『에크리』, p. 382.

**에크리** 라캉으로 이끄는 마법의 문자들

| 펴낸날 | 초판 1쇄 2007년 11월 20일 |
| --- | --- |
| | 초판 12쇄 2025년 2월 10일 |

지은이 **김석**
펴낸이 **심만수**
펴낸곳 **(주)살림출판사**
출판등록 1989년 11월 1일 제9-210호

주소 경기도 파주시 광인사길 30
전화 031-955-1350 팩스 031-624-1356
홈페이지 http://www.sallimbooks.com
이메일 book@sallimbooks.com

ISBN 978-89-522-0754-8 04080
978-89-522-0314-4 04080 (세트)

※ 값은 뒤표지에 있습니다.
※ 잘못 만들어진 책은 구입하신 서점에서 바꾸어 드립니다.